en
français

NAPOLEON HILL

DE L'OR EN BARRE

NAPOLEON HILL
et
Judith Williamson

Les enseignements que Napoleon Hill a transmis au cours de sa vie sont aujourd'hui offerts et développés par Judith Williamson

PERFORMANCE Édition

Publié par : Performance Édition
C.P. 99066 – CSP du Tremblay
Longueuil (Québec) J4N 0A5 Canada
Téléphone : 450 445-2974
Courriel : info@performance-edition.com
Site Web : www.performance-edition.com

Publié avec l'autorisation de :
The Napoleon Hill Foundation
PO Box 1277
Wise, Virginia USA 24293
Site Web : www.naphill.org
Courriel : napoleonhill@uvawise.edu

Citations et principaux textes écrits par Napoleon Hill
Textes et commentaires supplémentaires écrits par Judith A. Williamson, directrice du centre d'apprentissage mondial *Napoleon Hill World Learning Center*
Purdue University Calumet
2300 173rd Street
Hammond, Indiana 46323
Courriel : nhf@calumet.purdue.edu

Publié sous la direction de Judith Williamson - ISBN 978-0-9819511-6-4

DISTRIBUTION POUR LE CANADA : Prologue inc.
1650 Lionel Bertrand
Boisbriand (Québec) J7H 1N7
Téléphone : 450-434-0306

ISBN 978-2-923746-27-2 (livre)
978-2-923746-56-2 (epub)
978-2-923746-28-9 (epdf)

Traduction : Josée Amesse, Virtuose Communications
Révision : Françoise Légaré-Blanchard

Mise en pages : Pierre Champagne infographiste

Dépôt légal 4ième trimestre 2011
Dépôt légal Bibliothèque et Archives nationales du Québec, 2011
Dépôt légal Bibliothèque nationale du Canada, 2011

imprimé au Canada

NAPOLEON HILL

DE L'OR EN BARRE

NAPOLEON HILL
et
Judith Williamson

Les enseignements que Napoleon Hill a transmis au cours de sa vie sont aujourd'hui offerts et développés par Judith Williamson

PERFORMANCE Édition

TABLE DES MATIÈRES

Préface – Don Green, directeur général
The Napoleon Hill Foundation 7
Introduction – Judith Williamson 9

Chapitre 1 - L'importance du changement 11
Chapitre 2 - Vos richesses non utilisées 17
Chapitre 3 - Développer une personnalité plaisante 21
Chapitre 4 - La tolérance – le credo d'un philosophe 25
Chapitre 5 - Aider nos enfants à réussir 29
Chapitre 6 - La foi absolue 39
Chapitre 7 - La flexibilité peut opérer des «miracles» 43
Chapitre 8 - Développer la confiance en soi 51
Chapitre 9 - La puissance d'une attitude mentale positive 55
Chapitre 10 - Le travail d'équipe 59
Chapitre 11 - La différence entre souhaiter et croire 63
Chapitre 12 - L'attitude mentale d'une personne 67
Chapitre 13 - Une leçon qui provient de la nature 71
Chapitre 14 - Le pouvoir de la concentration 75
Chapitre 15 - Avez-vous planté des mauvaises herbes dans votre jardin? 81
Chapitre 16 - La loi cosmique de création d'habitudes 85
Chapitre 17 - Faire son inventaire personnel 91
Chapitre 18 - Développer l'habitude d'être enthousiaste 97
Chapitre 19 - Prendre tous les moyens pour faire partie des 2 % des gens qui réussissent 105
Chapitre 20 - Le développement volontaire d'une habitude 111
Chapitre 21 - Deux lois importantes 117
Chapitre 22 - Tout le monde peut accomplir des «miracles» 123
Chapitre 23 - Les étapes à suivre pour développer une attitude mentale positive 127
Chapitre 24 - Créer, croire et accomplir 131
Chapitre 25 - La source de toute richesse 135
Chapitre 26 - Les leçons à tirer des échecs 141

Chapitre 27 - L'autosuggestion et l'attention contrôlée....................147
Chapitre 28 - Une attention contrôlée mène à la maîtrise.............151
Chapitre 29 - Que choisirez-vous?..155
Chapitre 30 - Prendre rapidement une décision...............................161
Chapitre 31 – Des éléments de base qui constituent un génie 165
Chapitre 32 - Des stimulants efficaces 171
Chapitre 33 - Votre fonds de liberté personnelle...............................175
Chapitre 34 - L'échec et l'adversité 179
Chapitre 35 - Un avertissement important 183
Chapitre 36 - Le privilège de rendre un service plus grand
que celui pour lequel vousêtes payé 187
Chapitre 37 - Les éléments incontrôlables du processus
de la pensée 191
Chapitre 38 - Développer un désir brûlant 195
Chapitre 39 - Quelques tests pour départager
la réalité et la fiction..199
Chapitre 40 - L'esprit d'économie...203
Chapitre 41 - Des réflexions sur la réussite 207
Chapitre 42 - Victime ou vainqueur? À vous de choisir!
Définir la personne que nous sommes (partie 1)..213
Chapitre 43 - La formule de confiance en soi
Définir la personne que nous sommes (partie 2)..219
Chapitre 44 - L'autodiscipline
Définir la personne que nous sommes (partie 3)..227
Chapitre 45 - La volonté de partager nos bienfaits...........................233
Chapitre 46 - Créer de l'enthousiasme...237
Chapitre 47 - La richesse crée la richesse..243
Chapitre 48 - La voie du succès 247
Chapitre 49 – Ce Noël, faites-vous un cadeau!
52 réflexions du Dr. Napoleon Hill 251
Chapitre 50 – Garder un esprit libre 257
Chapitre 51 – Utiliser nos talents cachés 261
Chapitre 52 – La métaphore de la fermeture de porte....................265

PRÉFACE

Dans *Le Petit Robert*, l'or est défini comme étant à la fois un métal précieux et un symbole de richesse et de fortune. Le terme « standard » est défini comme un type ou une norme de fabrication ainsi qu'un état de référence et de conditions normales. En revisitant les écrits de Napoleon Hill, nous comprenons facilement pourquoi Judith Williamson a choisi ***Napoleon Hill : De l'or en barre*** comme titre de ce livre portant sur les richesses de la vie. Le docteur Hill a commencé à écrire dès l'âge de 13 ans. Il continua pendant sept décennies à peaufiner son écriture. Il était à la recherche du gisement d'or enfoui dans les vies des personnes qu'il étudiait et documentait au profit des lecteurs de ses ouvrages comprenant, entre autres, ***La Loi du Succès***, (les quatre tomes sont publiés chez Performance Édition), et bien sûr, ***Réfléchissez et devenez riche.*** Durant sa vie, il a laissé un héritage précieux à ses lecteurs dans chacun de ses livres.

Judith Williamson défend les principes de réussite du Dr Hill depuis plusieurs années. Elle les étudie, elle donne un cours sur les clés de la réussite à la *Purdue University* et anime des séminaires, des ateliers et des conférences qui l'ont amenée aux quatre coins du globe. Des participants de partout dans le monde ont fait l'éloge de ses connaissances, de ses allocutions et de ses présentations. Les lecteurs trouveront dans ce livre une mine d'or de renseignements, quelques-uns personnels, d'autres historiques, mais tous étant d'une grande valeur sur le plan du contenu et d'un grand intérêt pour les fervents des enseignements du Dr Napoleon Hill.

De 1919 à 1923, Hill publia deux revues mensuelles, soit le ***Napoleon Hill's magazine*** et le ***Napoleon Hill's Golden Rules magazine***. Dans sa biographie intitulée ***A Lifetime of Riches*** et écrite par Michael J. Ritt, Jr. et Kirk Landers, on y indique que les revues n'auraient pas dû être une réussite à l'époque, mais elles l'ont été. Comme Hill avait un budget très limité, il les écrivait, les publiait et les vendait lui-même. Étant donné qu'il cherchait de l'or sur les chemins de la réussite, il commença à s'enrichir et à aider les autres à devenir riches grâce à ses découvertes.

Vous serez grandement récompensé en lisant les articles que Judith Williamson présente dans ***Napoleon Hill : De l'or en barre***. Certains de ces articles répondront à des besoins particuliers selon l'endroit où vous êtes rendu dans votre quête de la réussite. Si vous étudiez les documents et que vous vous rendez compte que vous manquez de flexibilité, vous devriez vous assurer de relire l'article attentivement et de changer votre comportement de manière appropriée afin que vous aussi puissiez extraire l'or qui se trouve dans cette mine de renseignements.

À titre d'ancien président d'une banque, j'appuie totalement ***Napoleon Hill : De l'or en barre*** comme une source de richesse sur laquelle vous pouvez capitaliser! Les bénéfices que vous tirerez de la lecture de ce livre se matérialiseront en richesse que vous découvrirez au fur et à mesure que vous réaliserez votre mission. Savoir ce qu'il faut faire est merveilleux, mais appliquer cette connaissance est le véritable secret de la réussite. Vous amassez votre plus grande richesse dans la vie lorsque vous lisez, étudiez et passez à l'action à partir de ce que vous avez appris.

Don Green,
Directeur général,
The Napoleon Hill Foundation

INTRODUCTION

J'ai le plaisir de partager avec vous les lectures des écrits de Napoleon Hill qui vont de ses premiers ouvrages jusqu'à ses tout derniers. Les textes ont été choisis parmi ses essais, ses livres et son cours sur l'attitude mentale positive : ***PMA Science of Success***. Lorsque j'ai abordé ces écrits, j'ai apprécié le fait d'avancer rapidement vers l'application concrète de sa philosophie. En me rappelant qu'il n'y a « rien de nouveau sous le soleil », j'ai bien aimé harmoniser la pensée de Napoleon Hill avec mon application et mon interprétation du monde en pleine évolution dans lequel nous vivons.

Que vous soyez étudiant, homme d'affaires, entrepreneur ou enseignant, vous puiserez beaucoup d'information des écrits qui vous sont présentés dans ce livre. Le docteur Hill était et continue d'être une inspiration à l'origine de plusieurs livres de croissance personnelle, de livres portant sur la gestion et de matériel didactique qui traitent tous de ses dix-sept principes de réussite.

Je ne connais pas de meilleur professeur avec qui commencer à réfléchir sur votre vie et vos accomplissements. En utilisant les secrets qu'il a partagés tout au long de ses recherches et de sa pratique, le docteur Hill vous guide une étape à la fois pour que vous deveniez la personne que vous êtes censée être.

Ce livre est pur et vrai. Il vaut vraiment son pesant d'or, de là son titre : ***Napoleon Hill : De l'or en barre***.

Lorsque vous étudiez à l'aide de livres de motivation et de croissance personnelle, il est toujours important de connaître la source du matériel. Lorsque vous commencerez vos recherches à l'aide des écrits du Dr Hill, vous ne reviendrez pas les mains vides, mais plutôt, tout comme c'est le cas lorsque vous cherchez de l'or, votre investissement en temps vous rapportera des bénéfices considérables peu importe le domaine choisi.

Voilà pourquoi je vous recommande ce livre. Il comprend 52 chapitres donc, un par semaine. Lisez un peu, réfléchissez beaucoup et ensuite lorsque vous aurez découvert le secret, passez immédiatement à l'action. Comme le dit si bien le docteur Hill :

> **Lorsqu'un plan s'amorce dans votre esprit pendant que vous êtes à l'écoute des conseils de l'Intelligence infinie, acceptez-le avec appréciation et gratitude et agissez immédiatement. N'hésitez pas, ne discutez pas, ne remettez rien en question, ne vous en faites pas, ne soyez pas tourmenté ou ne vous demandez pas si c'est la bonne chose à faire. Mettez votre plan à exécution!**

En lisant ce livre, agissez en croyant fermement que vous pouvez devenir la personne que vous désirez. En vous élevant vers votre « moi supérieur », vous êtes à même de visualiser la réalisation parfaite de votre but et de votre mission sur cette Terre.

Appréciez votre voyage. Profitez bien de ce livre!

Judith Williamson

- 1 -

L'IMPORTANCE DU CHANGEMENT
selon Judith Williamson

« Si nous entrevoyons la réussite non pas comme le fait de trouver un sceau d'or à la fin d'un arc-en-ciel, mais comme une façon de faire face aux défis que nous rencontrons sur la voie de la réalisation de notre but ultime, nous serons alors capable de demeurer positif. »
– Eliezer A. Alperstein, CPA

De nos jours, nous entendons de plus en plus parler de la nécessité d'un changement. Le changement est nécessaire pour éviter d'accumuler trop d'attitudes négatives telles que la complaisance, la passivité, l'inertie, la résistance, la paresse et l'autosatisfaction. On dit que les personnes qui ne veulent pas changer sont prises dans une zone de confort qu'elles ont elles-mêmes aménagée. Lorsque nous ne sommes pas prudents, ces zones de confort peuvent devenir des routines dans lesquelles nous nous enlisons, et qui éventuellement peuvent devenir des tombes. Si nous laissons nos attitudes devenir « malsaines », nous risquons de devenir vieux et épuisés prématurément.

Alors, comment pouvons-nous amorcer un changement? J'ai entendu dire qu'une façon consistait à répondre à la suggestion d'un changement en disant « oui, et... », plutôt que « oui, mais... ». La première réponse est ouverte et permet d'ajouter d'autres idées, tandis que la deuxième est une façon plus courante et « polie » de formuler une critique voilée. D'une part, lorsque la personne dit « oui, mais... », elle nie vraiment l'idée qui vient d'être avancée; c'est ce qu'on appelle souvent une critique constructive. D'autre part, en disant « oui, et... », la personne reste ouverte à saisir l'opportunité qui s'offre à elle de tester des idées plutôt que de fermer la porte au nez de quelqu'un.

Nos attitudes peuvent s'endurcir tout comme nos artères. Notre santé mentale est aussi importante sinon plus qu'un régime alimentaire équilibré. On dit que nous sommes ce que nous mangeons. Donc, il est évident que nous sommes ce que nous pensons. Les particularités sur le plan mental et sur le plan physique vont de pair. Avez-vous déjà entendu dire de quelqu'un qu'il est un rabat-joie, un écervelé, un endormi, un parasite ou même un imbécile? Ces qualificatifs ne sont pas des compliments. Ils représentent toutefois des attitudes si ancrées qu'elles adoptent une forme physique. Ne serait-ce pas mieux d'être vu comme un chéri, un ange, un gentleman, un leader ou même comme quelqu'un qui déplace de l'air et qui produit des résultats?

Nous pouvons changer notre manière de décrire notre personnalité en changeant nos attitudes. Les attitudes changent notre humeur, et ensuite lentement, mais systématiquement, elles façonnent notre caractère. Notre caractère détermine notre destin. Le changement s'installe d'abord en chacun de nous et s'étend ensuite à l'extérieur de notre corps physique. Donc, l'énergie que nous produisons touche les gens qui sont en contact avec nous de manière contagieuse. Est-ce que vous voulez être un messager de maladie ou de santé, de bonté ou de méchanceté, de lumière ou de noirceur? La réponse se trouve dans l'attitude que vous adoptez face aux autres. Si la vôtre n'est pas telle que vous la désirez, alors il est temps de la changer. Commencez dès aujourd'hui même par dire « oui » plutôt que « non » aux occasions qui se présentent à vous. Voyez la vie comme un cadeau qui n'attend qu'à être déballé et non comme la fonction « supprimer » sur votre clavier d'ordinateur. Cela fera toute la différence pour ce qui est de votre avenir si vous vous ouvrez et si vous saisissez les occasions de changement qui se présentent à vous quotidiennement. Finalement, vous vous en sortirez vainqueur.

L'IMPORTANCE DU CHANGEMENT
selon Napoleon Hill

Ce qui est encore plus significatif est le fait que le Créateur a doté l'homme du seul et unique moyen qui le distingue du monde animal. Cette unicité lui permet de s'élever vers la spiritualité et d'être le maître de son propre destin sur la terre. Le moyen qui a donc été mis à sa disposition est la loi du changement.

En entreprenant le simple processus de changer son attitude mentale, une personne peut suivre n'importe quel mode de vie, vivre comme elle le désire et faire de ce mode de vie une réalité. C'est la seule et unique chose que l'homme a le pouvoir de contrôler de manière irrévocable, incontestable et indiscutable, ce qui veut dire que le Créateur l'a considérée comme étant la plus importante prérogative de l'homme.

Les dictateurs et les soi-disant conquérants du monde ne font que passer. Tôt ou tard, ils finissent toujours par disparaître parce qu'il n'est pas inscrit dans le plan global de l'Univers que l'homme soit réduit à l'esclavage.

Ce qui fait plutôt partie du plan éternel c'est que chaque être humain soit libre de vivre sa propre vie comme il l'entend, contrôle ses pensées et ses actions et construise lui-même son destin.

Voilà pourquoi le philosophe qui jette un coup d'oeil au passé pour déterminer ce qui va se produire dans un avenir lointain, ne peut pas s'enthousiasmer parce qu'un Hitler ou un Staline vient momentanément prendre place sous les projecteurs de son propre ego et qu'il vient compromettre la liberté du genre humain. Ces hommes, ainsi que tous les autres du même acabit qui les ont précédés, vont se détruire par leurs propres excès et vanités ainsi que par leur soif de pouvoir qu'ils veulent satisfaire afin de l'emporter sur le monde libre. Toutefois, ces soi-disant étrangleurs de liberté humaine ne sont que des démons qui servent inconsciemment de troupes de choc pour réveiller l'homme de sa complaisance et générer le changement qui apportera de nouvelles et de meilleures façons de vivre.

La nature conduit l'être humain d'un changement à l'autre à l'aide de moyens pacifiques tant et aussi longtemps que l'homme coopère. Par contre, elle a recours à des méthodes révolutionnaires si l'homme se rebelle et s'il néglige ou refuse de se conformer à la loi du changement. La méthode révolutionnaire peut consister en la perte d'un être cher ou d'une maladie grave. Il peut s'agir d'une faillite d'entreprise ou de la perte d'un emploi qui force la personne à changer de travail et à chercher un emploi dans un tout autre domaine où elle pourra saisir de formidables opportunités qui ne se seraient jamais produites si ses anciennes habitudes n'avaient pas été bousculées.

La nature applique la loi de création d'habitudes dans chaque espèce vivante inférieure à l'homme, et elle applique également la loi du changement aux habitudes de l'homme. Ainsi, la nature fournit le seul moyen par lequel l'être humain peut grandir et évoluer conformément à sa position dans le plan d'ensemble de l'Univers.

La première rude épreuve qu'affronta Thomas A. Edison fut lorsque son professeur le renvoya à la maison après seulement trois mois à l'école primaire avec une note à l'intention de ses parents qui indiquait qu'il n'avait pas les capacités voulues pour étudier. Il ne retourna jamais à l'école, c'est-à-dire à l'école conventionnelle, mais il commença à s'instruire par lui-même à « l'université des coups durs » où il reçut un enseignement qui en fit l'un des plus grands inventeurs de tous les temps. Avant qu'il ne reçoive son diplôme de cette université, il a été congédié à maintes reprises, tandis que la main du Destin le guidait vers les *changements essentiels* qui allaient le préparer à devenir un grand inventeur. Les études scolaires auraient peut-être sapé ses chances de devenir ce grand homme.

La nature sait ce dont une personne est capable lorsque celle-ci supporte des épreuves, de la douleur physique, de la peine, de la détresse, les échecs et qu'elle subit des défaites passagères. Rappelez-vous-en et tirez-en profit la prochaine fois que vous devrez affronter l'adversité. Et plutôt que de pleurer de rage ou trembler de peur, gardez la tête haute et cherchez partout la semence d'un bénéfice équivalent qui ressort de chaque circonstance éprouvante.

Source : Napoleon Hill. *You Can Work Your Own Miracles*. New York, Fawcett Columbine, p. 33 et 34.

– 2 –

VOS RICHESSES NON UTILISÉES
selon Judith Williamson

« Comme vous le savez, la source de toute réussite réside dans le fait d'avoir un but clair et précis. Souvent, il est suggéré d'utiliser une carte routière, mais sans destination précise, il est impossible de choisir la route qu'il faut emprunter. »

– Christopher Lake

Voici cinq vérités dont il faut se souvenir :

1) Les pensées sont des choses.
2) Nos choix créent les résultats de notre vie.
3) Nos pensées déterminent notre destin.
4) Une attitude mentale positive est l'attitude appropriée en toutes circonstances.
5) Notre esprit ne peut concevoir qu'une pensée et/ou une émotion à la fois.

Ces simples énoncés, bien que puissants, peuvent changer votre vie. Le fait de mettre en pratique ces idées peut transformer une existence ennuyeuse en une version tout à fait passionnante. Tout comme la chenille rivée à la terre se transforme en papillon et s'envole dans les airs, vous aussi pouvez opérer cette métamorphose spectaculaire dans votre vie. L'existence, telle qu'on la connaît, semble indiquer qu'en premier nous devons prendre racine et ensuite il nous pousse des ailes. Alors, à mesure que vos ailes se développent, se déploient et vous préparent à voler, pourquoi ne pas travailler dans le but de mieux comprendre l'aérodynamique de votre *moi* invisible?

Il existe deux livres fantastiques pour faire ce travail. Il s'agit de : ***Your Greatest Power**** et ***How to Become a Mental Millionaire*** de Don Green, directeur général de la fondation de Napoleon Hill. D'ailleurs, voici ce qu'il a à nous livrer sur le sujet : « Bien des gens ne peuvent pas réussir en temps de prospérité parce qu'ils n'utilisent pas CET EXTRAORDINAIRE POUVOIR . . . LE POUVOIR DE CHOISIR. D'autres personnes accéderont à CE POUVOIR EXTRAORDINAIRE . . . LE POUVOIR DE CHOISIR . . . et elles réussiront même en temps de crise parce qu'elles refusent de laisser les épreuves les freiner... elles persévèrent jusqu'à la réussite. »

Ces périodes peuvent être envisagées d'un point de vue optimiste ou pessimiste selon notre état d'esprit. Il y a toujours quelque chose de bon à retirer d'une mauvaise expérience et vice versa. Vous entraîner à vous concentrer sur le côté positif des choses vous permet de reconnaître les bonnes choses qui se présentent dans votre vie. De même, si vous vous concentrez sur le côté négatif des choses, vous attirez davantage d'expériences du même genre parce que vous installez une antenne dans cette direction. Les pensées virevoltent comme les oiseaux dans le ciel et les poissons dans l'océan. Il y a un dispositif téléguidé instinctif qui dirige leurs mouvements. Contrairement aux créatures qui sont programmées par l'instinct, l'homme suit ses propres « patterns ». Quels

---

*Votre plus grand pouvoir, J. Martin Kohe, publié chez Performance Édition

« patterns » suivez-vous présentement? Vous AVEZ le pouvoir de choisir. Donc, choisissez sagement et à des fins précises.

VOS RICHESSES NON UTILISÉES
selon Napoleon Hill

Emerson a déjà dit :
« Faites ce qui doit être fait et vous aurez le pouvoir. »

Votre atout le plus précieux pourrait être celui que vous n'avez pas bien évalué.

Il s'agit de l'atout qui peut vous aider à accéder à une position ou à vivre les circonstances que vous désirez et celui que vous ne pouvez jamais perdre à cause de la traîtrise d'autres personnes, ou qui ne peut jamais vous être repris ni volé.

C'est ce qu'on appelle à juste titre « votre atout le plus précieux » parce que c'est la chose sur laquelle vous avez un contrôle absolu, total et indiscutable et qui est sûrement considérée comme telle par le Créateur puisqu'il s'agit de la seule chose sur laquelle vous avez une utilisation exclusive.

Votre atout le plus précieux est le privilège qui vous a été donné d'entretenir votre esprit et de diriger vos pensées vers les buts que vous avez choisi de réaliser.

Ce privilège exclusif cache des richesses incroyables et il peut vous récompenser si vous savez l'utiliser judicieusement, mais il peut aussi vous pénaliser impitoyablement si vous ne le valorisez pas, si vous ne l'appréciez pas à sa juste valeur et si vous ne l'utilisez pas sagement.

Parmi toutes les richesses auxquelles vous aurez droit si vous entretenez votre esprit et dirigez vos pensées comme il se doit, on retrouve la sécurité financière, une bonne santé, la tranquillité d'esprit, l'affection de vos amis et êtres chers ainsi que la place que vous aurez choisi d'occuper dans la vie.

Parmi les pénalités qui vous incomberont si vous n'entretenez pas votre esprit, on retrouve la pauvreté, une mauvaise santé, la peur, l'inquiétude, la perte d'amis, et des prières non exaucées.

Votre esprit vous a été donné pour être utilisé afin de répondre à tous vos besoins et vous aider à franchir les étapes de votre vie en choisissant vous-même la façon d'y arriver. Tout comme chacun des organes ou des muscles de votre corps, votre cerveau, dans lequel votre esprit fonctionne, s'atrophiera et dépérira si vous ne l'utilisez pas.

La manière la plus saine et la plus noble d'utiliser votre esprit est de développer un sixième sens pour vous aider à communiquer avec la source de toute sagesse lorsque vous priez.

Plus vous prierez afin d'être guidé dans toutes les actions que vous entreprenez, plus le pouvoir de votre esprit sera fort jusqu'à ce que vous puissiez communiquer avec l'Intelligence infinie instantanément, et ce, à volonté.

Le regretté Charles P. Steinmetz a déjà indiqué qu'il croyait qu'un jour l'acte de prier serait aussi scientifique et aussi bien défini que les lois mathématiques ou celles de la physique. D'autres grands penseurs ont également affirmé une croyance semblable.

Source : *Success Unlimited*

- 3 -

DÉVELOPPER UNE PERSONNALITÉ PLAISANTE
selon Judith Williamson

« C'est Napoleon Hill qui nous en donne la meilleure description. Une personnalité plaisante englobe le mental, la spiritualité et vos traits physiques, tout ce qui vous distingue des autres. »

- Loretta Levin

Développer une personnalité plaisante est l'un des échelons les plus importants pour se hisser dans l'échelle de la réussite. Le temps que vous investirez pour y arriver portera ses fruits maintenant et aussi dans les années à venir. Pensez un instant aux personnes que vous connaissez et qui ont une personnalité plaisante et transparente. Je ne parle pas des vendeurs qui pourraient vous convaincre d'acheter un ordinateur TRS 80 à l'état neuf, mais plutôt de la personne qui brille par sa présence, qui est capable de dialoguer avec vous, qui vous apporte quelque chose, qui suscite de l'enthousiasme là où il n'en existait pas et qui dégage un charisme impressionnant. Visualisez l'image de cette personne dans votre tête et ensuite soyez déterminé à reproduire ces mêmes traits de caractère chez vous pour que vous puissiez ressembler à ce modèle.

Maintenant, la prochaine étape consiste à mettre votre plan à exécution. Demandez-vous quelles améliorations vous pourriez apporter à votre personnalité et décidez ensuite de travailler ces traits de caractère un à un. Par exemple, est-ce que vous parlez plus que vous n'écoutez? Est-ce que vous coupez la parole aux gens avant qu'ils n'aient le temps de terminer leur phrase? Est-ce que vous reniez leurs idées en faveur des vôtres sans aucune raison apparente? Diminuez-vous l'importance des gens en ne vous concentrant pas sur eux lorsqu'ils sont avec vous? Est-ce que vous oubliez de dire « s'il vous plait » et « merci » lorsque vous êtes en interaction avec les gens? Est-ce que vous demandez constamment de l'aide sans jamais en donner en retour? Tout ce qui vient d'être décrit ci-dessus peut faire en sorte que les gens ne vous perçoivent pas comme ayant une personnalité plaisante. Que vous le vouliez ou non, ce n'est pas votre propre impression de vous-même qui compte, mais celle des autres.

Il y a deux petites choses que vous pouvez faire dès maintenant pour améliorer votre note en matière de personnalité : c'est de sourire et d'écouter. Lorsque vous accueillez les gens avec le sourire, vous les encouragez à vous sourire à leur tour. Cet échange de sourires détend l'atmosphère qui devient alors plus positive et qui permet aux pensées pures de commencer à cheminer entre vous deux. De plus, lorsque vous écoutez en premier et parlez en second lieu, vous devenez la personne à qui les gens aiment parler. Aussi, lorsque vous écoutez vraiment les gens, vous pouvez apprendre quelque chose dans le processus. On ne peut pas dire que ces actions sont complexes, car elles peuvent et vont faire une grande différence dans la perception des autres à votre égard.

Alors, essayez seulement pour une journée. Et ce soir, si vous y repensez et que vous voyez que le fait de sourire et d'écouter a donné de bons résultats, prenez donc la décision d'ajouter ces deux actions à votre coffre à outils de réussite. Ainsi, vous commencerez bientôt à décorer votre intérieur et à transformer votre maison physique en un environnement des plus hospitaliers.

DÉVELOPPER UNE PERSONNALITÉ PLAISANTE selon *Napoleon Hill*

« Votre personnalité est le présentoir sur lequel vous montrez ce que vous avez à offrir. »

La chose qui arrive en tête de liste des raisons d'échecs est *l'incapacité à s'entendre gentiment avec les autres.* On dit que c'est la personnalité plaisante du regretté Franklin D. Roosevelt qui en a fait le politicien ayant connu le plus de succès.

La personnalité plaisante de Charles M. Schwab lui a permis de passer d'un travail manuel à un poste rémunéré à 75 000,00 $ par année, et en plus de tout cela, il lui arrivait souvent de recevoir une prime dix fois plus importante que ce montant.

Vous pouvez posséder une « personnalité d'un million de dollars » en suivant les instructions suivantes :

Adoptez une attitude mentale positive et manifestez-la dans toutes vos relations avec autrui.

Entraînez votre voix à parler d'un ton plaisant qui dénote votre gentillesse.

Prenez l'habitude de faire preuve de vivacité d'esprit et du désir d'écouter attentivement lorsque vous entretenez une conversation avec les autres. Votre ego sera sans doute satisfait « d'avoir le dessus dans une discussion », mais cela ne vous aidera pas à vous faire de nouveaux amis.

Faites preuve de flexibilité dans toutes vos relations avec les autres en vous ajustant à toutes les circonstances et en gardant votre sang-froid. Souvenez-vous que le silence de l'autre personne peut être beaucoup plus éloquent que vos paroles lorsque vous êtes en colère.

Prenez l'habitude d'être patient et rappelez-vous que de tenir des propos au moment opportun peut vous donner un avantage significatif sur les personnes impatientes.

Admettez toutes les possibilités peu importe les gens, car l'expérience le confirme, les belles opportunités ne se présentent jamais aux esprits fermés et l'intolérance n'amène jamais la sagesse.

Apprenez à sourire lorsque vous parlez aux gens pour ainsi les empêcher de croire que vous n'êtes pas une personne aimable.

Témoignez de la délicatesse dans vos paroles et dans vos actions en vous rappelant que ce ne sont pas toutes les pensées qui devraient être exprimées même si elles sont justes.

Prenez l'habitude de prendre des décisions rapidement et souvenez-vous que la procrastination révèle aux autres un trait négatif de votre personnalité.

Faites au moins une bonne action par jour qui vous permettra de faire l'éloge d'une personne ou de servir une ou plusieurs personnes sans attendre de récompense en retour et vous verrez s'allonger votre liste d'amis.

Il n'en tient qu'à vous d'utiliser ces dix étapes pour développer une personnalité plaisante.

Source : *Success Unlimited*

- 4 -

LA TOLÉRANCE
LE CREDO D'UN PHILOSOPHE

selon Judith Williamson

« La tolérance est une commande interne qui incite à ne pas sauter aux conclusions à propos d'une personne ou d'une idée pour ne pas se couper de ses avantages, de sa beauté et de ses leçons. »

– Mary Foley

Les conseils de Napoleon Hill sont tout aussi pertinents de nos jours qu'ils l'étaient lorsqu'il les formula il y a plusieurs décennies. Toute personne intéressée à devenir un agent de changement dans le monde devrait mémoriser les idées de Napoleon Hill sur la tolérance. Par ailleurs, le changement favorise la croissance. Le changement amène le printemps et le retour à la vie.

Bien souvent, la tolérance précède le changement et prépare la personne à entreprendre de nouvelles expériences d'apprentissage. Si le changement est vu comme un catalyseur, il dirige la personne vers de nouvelles opportunités d'obtenir de l'avancement dans le monde d'aujourd'hui. Le changement peut être comparé à l'évolution de l'esprit. Des petits changements quotidiens finissent par créer un changement considérable sur le plan de la compréhension. Lorsqu'une personne n'est pas disposée à couper court à son incrédulité et à son intolérance envers la nouveauté, il est alors impossible qu'un changement marqué puisse se produire.

Pour devenir tolérant, il faut mettre de côté ses croyances personnelles, ses valeurs, ses intérêts, ses attitudes et ses idées pour un certain temps. Cette suspension temporaire de ce que nous savons « être vrai » permet aux nouvelles idées d'émerger pour que nous puissions les considérer. C'est un peu comme de magasiner pour de nouveaux vêtements; toute l'expérience de l'essayage aide la personne à savoir ce qu'elle doit acheter ou pas. Lorsque nous contemplons de nouvelles idées pour voir si elles nous conviennent sur le plan cognitif, nous déterminons si cette idée peut faire partie ou non de notre mentalité. Si la réponse est affirmative, alors nos choix personnels deviennent plus importants. Si la réponse est négative, alors nous faisons les mêmes choix que dans le passé.

Le changement est le pouls de l'Univers. C'est la vie et la croissance. Le changement se produit pour nous propulser vers l'avenir. Il crée un mouvement. La tolérance ouvre la porte au changement et nous invite à l'amorcer. C'est une poignée de mains qui peut mener à la fraternité. C'est un cercle étroit d'inclusion qui attire quelqu'un à l'intérieur plutôt qu'un refus d'admission. Le changement réunit plutôt qu'il ne divise.

Alors, lorsque vous avez l'occasion d'être spontané et ouvert, acceptez de l'être. Explorez l'opportunité pour voir si elle vous convient. Si c'est le cas, alors saisissez-la. Sinon, sachez que vous avez essayé, et parce que vous avez essayé, vous avez grandi. Toutefois, si la place ne vous convient pas, vous n'êtes pas obligé de la prendre. Vous pouvez toujours commencer par pratiquer et vous perfectionner par la suite. Comme Emerson l'a déjà dit : « Agissez et vous détiendrez le pouvoir. » C'était un bon conseil à l'époque et ce l'est encore aujourd'hui.

LA TOLÉRANCE LE CREDO D'UN PHILOSOPHE *selon Napoleon Hill*

Permettez-moi de rester ouvert à tous les sujets pour grandir autant sur le plan mental que spirituel.

Puis-je toujours avoir quelque chose à apprendre de la personne la plus humble qui soit.

Ne me laissez jamais oublier qu'un esprit fermé est un esprit étroit.

Puis-je ne jamais tomber dans la mauvaise habitude d'exprimer mon opinion sur quelque sujet que ce soit sans qu'elle ne soit fondée sur des faits assez bien établis.

Empêchez-moi de critiquer quelqu'un parce qu'il n'a pas la même opinion que moi sur un sujet en particulier.

Puisse le pouvoir de la raison m'empêcher en tout temps de prendre la parole si je n'ai pas été appelé à parler.

Puis-je toujours démontrer un énorme respect pour les personnes avec lesquelles je ne suis pas en accord.

Rappelez-moi toujours que je connais très peu de choses sur tout; que l'ensemble des connaissances acquises par toute l'humanité n'est pas suffisant pour justifier qu'une personne puisse se vanter de ses connaissances.

Accordez-moi le courage d'admettre que je ne peux pas répondre à une question sur laquelle je ne connais que très peu de choses ou rien du tout.

Puis-je toujours partager de bon cœur les quelques humbles connaissances que je possède et qui pourraient aider les autres.

Ne me laissez jamais oublier que l'humilité du cœur attirera plus d'amis que toute la sagesse de l'humanité.

Permettez-moi de toujours rester un élève à la recherche de la vérité et ne jamais prétendre être un érudit accompli sur tous les sujets.

Et, puis-je toujours me rappeler que le plus grand des privilèges est de faire preuve de tolérance par l'exemple.

Donnez-moi de bons livres et des amis fidèles avec qui je peux oser être moi-même et enfin faites que je n'oublie jamais « l'espoir, la foi et la charité ».

Source : *Success Unlimited,* août 1955, vol. II, n° VII, p. 25.

– 5 –

AIDER NOS ENFANTS À RÉUSSIR

selon Judith Williamson

« La lecture, plus que tout autre activité, a le pouvoir de nous aider à réaliser notre potentiel et, en cours de route, à faire place aux « bons anges de notre nature profonde », comme les appelait Abraham Lincoln, qui s'est hissé du statut de garçon de campagne à celui de président des États-Unis en lisant des livres, en se fixant des objectifs et en travaillant avec acharnement et ténacité pour réaliser ses objectifs. »

– Gail Brooks

Lorsque vous faites la lecture à un enfant, vous lui rendez le plus grand des services. On dit que les lecteurs sont des leaders, et pour devenir un leader, il faut que le goût de la lecture ait été cultivé chez l'enfant dès son tout jeune âge. Je dois l'admettre, je suis moi-même une avide lectrice.

Je vais vous dévoiler ici un petit secret : c'est également le cas pour Don Green, le directeur général de la Fondation. Tous les deux, nous aimons beaucoup les livres et la lecture. Don se vante d'avoir plusieurs livres sur sa table de chevet qu'il lit simultanément. Mon mari dit que j'ai une bonne partie de la Librairie du Congrès à la maison. Pour ma part, je préfère les livres de croissance personnelle en raison de mon travail. Par contre, dans l'ensemble, mes intérêts en matière de lecture sont variés. Je pense que c'est ma mère qui m'a sensibilisée à la lecture et à ses avantages bien avant que je puisse lire par moi-même.

J'ai reçu récemment un courriel du petit-fils de Napoleon Hill, le docteur James B. Hill, dans lequel il me donnait des explications au sujet de certaines questions relatives à l'éducation suite à un travail de généalogie qu'il avait entrepris sur la famille Hill. Son message disait :

« Les femmes ont toujours été à l'origine de l'éducation au sein de la famille Hill. Ma mère irlandaise m'a appris à lire. Ma grand-mère a montré à lire à mon père avant qu'il n'ait cinq ans. Ma belle-arrière-grand-mère a élevé et éduqué Napoleon et mon arrière-arrière-grand-mère a probablement éduqué le père de Napoleon. La semaine dernière, j'observais mon épouse Nancy alors qu'elle montrait à lire à notre fille et j'ai réalisé que la même chose se produira au sein de cette génération. J'assume le rôle de protecteur, de pourvoyeur, j'établis la discipline et la morale, et je suis le papa, tandis que Nancy est la véritable enseignante auprès de nos enfants. »

Voici ce que je lui ai répondu :

> *« J'ai l'impression que vous avez bien retracé l'histoire de la famille Hill et vous avez trouvé l'orientation qui bénéficiera aux générations futures. C'est aussi ma mère qui m'a appris à lire. En première année, j'étais paresseuse parce que ma mère me lisait beaucoup d'histoires et j'adorais cela. C'était mon passe-temps préféré. Toutefois, lorsque l'enseignante de première année a menacé de me garder en retenue parce que je ne pouvais pas lire, ma mère a répliqué en disant : 'Que voulez-vous dire par elle ne sait pas lire? Nous lisons tout le temps!' Lorsque je suis arrivée à la maison après cette mémorable rencontre parent-*

professeur, ma mère m'a corrigée parce que je n'avais pas lu et elle savait exactement ce qu'elle devait faire. Elle m'a dit : 'À partir de maintenant, je vais te lire une page sur deux dans tes livres de contes préférés. Tu devras lire une page après que j'en aurai lu une.'

C'est ce qu'il a fallu pour que je devienne une lectrice assidue et non occasionnelle. Ma mère, dont c'est la fête le 20 février, est décédée en 1990, mais je pense à elle tous les jours. Elle était bien plus brillante que tous les enseignants armés de diplômes et d'expérience en enseignement. Tout comme les femmes de la famille Hill, ma mère détenait le secret pour activer la flamme de l'apprentissage. Et c'est ce qui a fait la différence pour chacun d'entre nous, n'est-ce pas? Aujourd'hui, je suis passée d'une écolière de première année qui ne savait pas et ne voulait pas lire à une détentrice de diplôme d'orthopédagogue en lecture qui travaille avec des enfants de la maternelle au secondaire V. De plus, je sais que le meilleur des enseignants est celui qui est le plus proche de l'élève donc, le parent, et non celui qui se tient près de l'étudiant indiscipliné et qui essaie de le faire apprendre de force.

Que ce soit à l'aide d'un ordinateur ou d'un livre d'histoires, un enseignant habile sait comment retenir l'attention d'un l'enfant pour lui donner le goût d'apprendre et l'amener à passer à l'action. J'aimerais bien que les familles réalisent cela et qu'elles contribuent à donner libre cours à la magie qui se cache à l'intérieur de leurs enfants pour que ces derniers réalisent leur plein potentiel. J'ai l'impression que votre femme fait un travail extraordinaire avec les deux vôtres! Toutes mes félicitations! »

J'espère qu'après avoir lu ces deux histoires personnelles, vous commencerez à comprendre l'importance de la lecture dans la vie d'une personne. Les bons livres proposent de bonnes idées qui construisent de bonnes vies. Ne ratez pas l'occasion de devenir un avide lecteur. À quel autre endroit pouvez-vous obtenir une telle formation individuelle avec un expert? C'est le meilleur rapport qualité/prix sur la planète. Vous n'avez qu'à prendre un livre et le lire! Je vous garantis que vous allez apprendre une foule de choses. Les mamans ne peuvent pas être dans l'erreur. Et le docteur James B. Hill, Don Green et moi-même appuyons fortement la lecture.

AIDER NOS ENFANTS À RÉUSSIR
selon Napoleon Hill

Réalisez-vous que vous êtes à l'origine de la réussite ou de l'insuccès de votre enfant? Évidemment, l'éducation et les valeurs que votre enfant recevra joueront un rôle important dans sa vie, mais votre influence est et devrait être ce qui lui ouvre la voie du succès.

Il existe trois grands principes à inculquer à vos enfants et qui vont leur permettre de réussir et d'être heureux tout au long de leur vie. Le premier consiste à se fixer un but précis dans la vie. Cette habitude devrait être créée chez l'enfant lorsqu'il est très jeune pour qu'elle devienne une partie inhérente de sa personnalité.

Il n'y a pas très longtemps, je visitais des amis et leur petit garçon jouait avec un jeu de construction. Il essayait de construire une structure qui bientôt s'écroula sur le plancher. Il commença à pleurer et sa mère vint à sa rescousse et, en tentant de le consoler, lui demanda ce qu'il essayait de construire.

« Je ne sais pas », sanglota-t-il, « je veux juste que ça tienne debout. »

« Avant de commencer à construire », lui conseilla sa mère, « tu dois savoir ce que tu veux faire et tu dois avoir un plan à suivre. Bon, dis-moi, qu'est-ce que tu voudrais faire? »

Une fois que la mère eut mentionné plusieurs choses que son fils pouvait faire avec le jeu de construction, l'enfant décida de construire une petite maison et il entreprit son projet avec beaucoup d'enthousiasme.

« Il te faudra plus de temps et d'efforts », l'avertit son père, « mais lorsque tu auras terminé, elle se tiendra debout et tu seras très fier de ce que tu auras fait. »

Comme je m'apprêtais à partir, le garçon me prit joyeusement par la main et me demanda d'aller voir sa maison « qui tenait debout ».

« C'est beaucoup mieux que de faire quelque chose n'importe comment », s'exclama-t-il d'un air triomphant.

Comme je sortais pour me rendre à ma voiture, le père du garçon m'accompagna. Il était cadre supérieur au sein d'une chaîne de grands magasins alors qu'il avait commencé comme commis aux stocks dans l'un de leurs plus petits magasins, et cela, moins de dix ans auparavant. Il s'était frayé un chemin jusqu'à un poste de vice-président en prenant l'habitude de se fixer un but précis. « Vous comprenez maintenant », s'est-il exclamé avec fierté, « pourquoi nous mettons tout en œuvre pour voir à ce que notre fils grandisse en sachant vraiment ce qu'il veut dans la vie. »

Tout au long des années d'apprentissage de votre enfant alors qu'il vous dit vouloir devenir un ingénieur ferroviaire, un cadet de l'espace ou une vedette de cinéma, renforcez en lui la foi qu'il peut réussir tout ce qu'il choisit de faire, tout en l'influençant avec tact à prendre une décision finale de travailler à atteindre son but précis dans la vie.

Le deuxième principe de réussite que vous devriez inculquer à vos enfants est l'habitude de faire un kilomètre de plus, c'est-à-dire de faire un effort supplémentaire, de rendre service au-delà de ce qu'on attend de lui. Il s'agit là d'un impératif sans lequel il est impossible de concrétiser une réussite magistrale peu importe le domaine choisi. En plus de permettre aux gens de saisir des opportunités financières formidables, ce principe donne beaucoup de force de caractère et il aide à se faire facilement des amis.

Joseph et Pierre étaient des voisins et des fils d'ouvriers sans qualification particulière. Ni l'un ni l'autre de leurs parents n'avaient d'éducation, mais les parents de Joseph étaient suffisamment sages pour reconnaître la valeur du kilomètre de plus et c'est ce qu'ils lui ont enseigné dès son tout jeune âge.

De leur côté, les parents de Pierre lui avaient mis dans la tête de prendre tout ce qu'il pouvait sans lever le petit doigt, et il n'avait pas perdu une minute pour appliquer ce principe.

À mesure que son fils grandissait, le père de Joseph obtint une promotion à titre de contremaître, puis de chef de service de son usine en prenant l'habitude de toujours en faire un peu plus que ce qu'on lui demandait pour le salaire qu'on lui versait. Il a donc inculqué cette habitude à son fils.

Durant toutes ses années à l'école primaire et secondaire, Joseph était une personne avenante. Il partageait généreusement autant ses biens que son temps dans les loisirs. Il faisait constamment tout son possible pour se faire aimer autant de ses enseignants que de ses camarades de classe. De plus, son habitude de faire un kilomètre de plus lui faisait plaisir, car il le faisait en adoptant une attitude joyeuse.

Entre-temps, Pierre faisait très peu d'efforts pour se tirer d'affaire. Il obtenait de piètres résultats et de mauvaises notes à l'école. Il avait de la difficulté avec ses enseignants et ses camarades de classe et il ne participait à aucun sport parce que tel qu'il le faisait remarquer : « Il n'y avait aucun argent à recevoir au bout du compte. » Mais alors, qui lui avait dicté cette attitude? Son père, car il rouspétait constamment contre les exploiteurs qui se trouvaient à l'usine, dans le système scolaire et presque partout ailleurs.

Joseph obtint une bourse qui lui permit de faire des études dans un bon collège en raison des excellentes notes qu'il avait obtenues au secondaire. Puis, il se mérita de hautes distinctions au collège en continuant de suivre le principe du kilomètre supplémentaire. Il ne demandait jamais : « Que vais-je en retirer? » Il se disait plutôt « Comment puis-je faire pour aider quelqu'un? »

Pierre parlait de Joseph avec mépris comme « du zélé qui essaie de se tuer à la tâche en aidant quelqu'un d'autre ». Par contre, il faut souligner que « notre zélé » s'en est bien tiré. À cause de son dossier académique, immédiatement après avoir reçu son diplôme, il se retrouva avec une offre d'emploi de la part d'une société dynamique. Il a toujours la même habitude de donner un peu plus que nécessaire. Cela lui a permis d'obtenir deux promotions assorties d'une augmentation de salaire, et ce, contrairement à d'autres jeunes gens ayant commencé à travailler pour la même société en même temps que lui. Les autres jeunes hommes avaient autant d'éducation que Joseph et ils étaient aussi intelligents que lui.

Qu'est-il arrivé à Pierre? Il a pris un métier inférieur immédiatement après avoir fini son secondaire. Il se plaint constamment en disant que Joseph est toujours celui qui a de la chance. Jusqu'à aujourd'hui, il ne se rend pas compte que c'est Joseph qui s'est promu lui-même pour obtenir de bons résultats dans la vie en pensant à DONNER avant d'essayer d'OBTENIR. Il avait appliqué la merveilleuse loi du *rendement croissant* pour qu'elle travaille en sa faveur. Et de leur côté, les parents de Pierre n'ont aucune idée qu'ils ont échoué en ne préparant pas leur fils à réussir dans la vie.

Le troisième principe de réussite que vous devriez enseigner à vos enfants est celui qui consiste en l'habitude d'adopter une attitude mentale positive. Il s'agit de prendre l'habitude de penser aux choses que nous pouvons faire et non à celles que nous ne pouvons pas faire. Ainsi, Henry Ford a déjà dit que ce dont il avait le plus besoin dans son entreprise était davantage d'hommes qui ne connaissaient pas la signification du mot « impossible ».

Deux amies décidèrent de passer une audition pour jouer toutes les deux dans la pièce organisée par la classe de première à l'université.

Les parents de Nancy étaient enchantés lorsqu'elle leur en parla et ils l'ont encouragée à s'inscrire.

Toutefois, lorsque Joanne en parla à son père et à sa mère, elle ne reçut que des commentaires négatifs de leur part. « Pourquoi irais-tu perdre ton temps à faire une chose semblable? Et puis, ta voix est beaucoup trop aiguë. Tu passeras beaucoup trop de temps dans cet auditorium froid et tu vas t'enrhumer. Tu ne seras jamais capable d'apprendre tout ce texte, tu vas faire des erreurs et tu seras gênée pour le restant de tes jours. »

La pauvre fille avait échoué avant même d'avoir commencé. Elle avait échoué parce que ses propres parents lui avaient dicté une attitude mentale négative qui rendait les choses impossibles à réaliser.

Nancy passa donc l'audition pour la pièce, mais elle n'obtint pas de rôle. Comme ses parents étaient des gens positifs, ils l'ont immédiatement aidée à trouver un avantage équivalent à l'échec temporaire qu'elle venait de subir. « De cette façon, tu auras plus de temps à consacrer à ta couture puisque tu veux participer au concours organisé par les 4-H », avança sa mère pour la soutenir. Nancy finit par obtenir la deuxième place au concours des 4-H et elle devint une épouse équilibrée et sereine et la mère de deux beaux enfants à qui elle enseigne l'habitude d'avoir une attitude mentale positive.

Joanne n'a pas obtenu de rôle dans la pièce non plus, car elle n'a même pas essayé. Un jour, elle eut assez courageuse pour dépasser les lamentations horribles de ses parents en tentant sa chance de faire partie de l'équipe de natation. Lorsqu'elle ne fut pas choisie pour faire partie de l'équipe, tout ce que ses parents ont réussi à lui dire était : « Nous te l'avions pourtant bien dit ». Aujourd'hui, Joanne est une femme égocentrique et réservée qui passe tout son temps et qui dépense tout son argent à essayer toutes sortes de médicaments pour tenter de soulager « ses douleurs et ses maux », car son attitude mentale négative en a fait une hypocondriaque invétérée.

Lorsque les parents pensent et parlent en termes de maladie, de pauvreté et d'échec, ils transmettent ces états d'esprit à leurs enfants qui, à leur tour, vont les utiliser comme obstacles et ainsi s'exposer à des échecs tout au long de leur vie. Lorsque vous pensez, agissez et parlez en termes de santé, d'abondance et de réalisation, vous donnez à vos enfants une base solide pour leur permettre de concrétiser leur propre réussite.

Source : *Success Unlimited,* novembre 1956, vol. III, n° XI, p. 36 et 40.

- 6 -

LA FOI ABSOLUE
selon Judith Williamson

« Avoir la foi est une oeuvre de taille. Pratiquer cette foi dans votre vie est une œuvre de plus grande taille encore. Par contre, il y a des gens dans la société qui peuvent vous servir de modèles et ainsi vous montrer comment y arriver.»

– Libby Gill

La foi consiste, en réalité, à manifester un courage spirituel qui permet d'atteindre des résultats infaillibles. C'est de savoir que ce que vous croyez se réalisera sans l'ombre d'un doute. C'est d'être assuré que vous êtes sur la bonne voie, et que ce chemin, même s'il est parfois rocailleux, vous mènera vers votre destin. La foi est de croire en une force supérieure et de reconnaître que cette force est plus grande que soi. Toutefois, cette force se préoccupe suffisamment de vous pour vous tenir dans la paume de Sa main. Et plus que toute autre chose, la foi c'est être conscient que rien ne peut se produire sans action de votre part. À ce sujet, le docteur Hill indique : « La foi sans l'oeuvre est inexistante ». Cette citation résume très bien toute l'importance de l'action.

Pratiquer la foi est une sorte de catalyseur permettant de démarrer le processus de la réussite. C'est la graisse qui facilite le mouvement et l'action. C'est la levure qu'on ajoute aux autres ingrédients pour que la pâte à pain puisse lever. Elle vous permet de travailler de manière digne et valorisante dans votre domaine d'expertise. C'est grâce à la foi que vous pouvez continuer quand les choses vont moins bien. Il est possible qu'elle ne vous donne pas le plus grand des élans, mais au moins, elle vous fera faire le premier pas.

Dans un tout autre ordre d'idées, j'aime la façon qu'a Edgar Guest de traiter de la question dans son poème « Le monde est contre moi ». Au fil de votre lecture, je vous invite ici à réfléchir aux répercussions d'un manque de foi lorsqu'une personne tente de réussir.

LE MONDE EST CONTRE MOI

« Le monde est contre moi, a-t-il dit en soupirant. Quelqu'un me met toujours les bâtons dans les roues chaque fois que j'essaie de démarrer quelque chose. Le monde me jette par terre et m'empêche de me relever. Je n'ai aucune chance. Oh, comme le monde est injuste! Quand un homme est pauvre, alors il n'a aucune chance. Le monde est déterminé à le rabaisser. »

« Que dire alors d'Abraham Lincoln? lui demandai-je. Dirais-tu qu'il était plus riche que tu l'es aujourd'hui? Il n'avait pas autant de chance que toi de laisser sa marque, Et sa perspective des choses était souvent extrêmement sombre. Malgré tout, il s'est accroché à son but avec acharnement, Et il s'est rendu au sommet. Le monde était-il contre lui? Que dire de Benjamin Franklin? J'ai souvent entendu dire qu'il allait souvent se coucher le soir sans avoir mangé à sa faim. Il a commencé avec le courage comme bagage. Il s'est démené patiemment et il a attendu son tour. Il a connu la réelle pauvreté pendant un certain temps. Malgré tout, il s'est rendu au sommet. Le monde était-il contre lui? Je pourrais nommer une dizaine, voire une

centaine de pauvres garçons qui ont patiemment gravi les échelons. Partis au bas de l'échelle, ces garçons ont lutté seuls. Ils auraient pu se penser riches s'ils avaient eu ta fortune. Malgré tout, ils ont fait leur chemin dans ce monde que tu condamnes si facilement. Alors, je te le demande maintenant, le monde était-il contre eux? »

– Edgar A. Guest
(Adaptation du poème original anglais)

Voici une dernière question à laquelle vous devriez répondre. Avez-vous la foi ou avez-vous peur? Vous ne pouvez pas avoir les deux. Mais vous pouvez toujours décider de l'attitude que vous allez adopter. Votre réponse mérite une attention particulière.

LA FOI ABSOLUE
selon Napoleon Hill

« La foi est la porte d'entrée permettant à l'homme d'accéder à l'Intelligence Infinie. »

La foi est un état d'esprit qu'on a appelé « la motivation de l'âme » et par laquelle les buts, les désirs et les plans d'une personne peuvent être transmutés en leurs équivalents physiques ou financiers.

Les principaux éléments d'une FOI ABSOLUE sont :

Viser un but précis soutenu par une initiative ou une action personnelle. Adopter une attitude mentale positive libre de toute négativité comme l'envie, la haine, la jalousie et la peur. Faire partie d'un « cerveau collectif » avec d'autres personnes qui font preuve de courage basé sur la foi et qui sont prêtes à aider sur le plan mental et spirituel toutes les autres pour qu'elles puissent atteindre leur but. Admettre le fait que chaque épreuve offre en même temps un avantage équivalent, et aussi qu'une défaite temporaire n'est pas un échec tant qu'elle n'est pas acceptée comme tel. Prendre l'habitude de prier pour témoigner sa gratitude chaque jour pour tous les bienfaits reçus.

Suivez ces quelques instructions pour vous aider à adopter une attitude mentale propice à l'expression et à la pratique de la foi absolue :

1) Sachez ce que vous voulez et déterminez ce que vous allez donner en retour pour l'obtenir.
2) Visualisez que vous possédez déjà ce que vous désirez lorsque vous invoquez la raison de votre prière.
3) Gardez l'esprit ouvert pour écouter les conseils de votre intuition et, lorsque vous êtes inspiré par une idée, tenez-en compte immédiatement, car elle vous apportera peut-être la réponse que vous cherchez.
4) Si vous devez affronter un échec, comme c'est le cas bien souvent, rappelez-vous que votre foi est souvent testée de différentes manières et que l'échec peut être une façon de vous mettre à l'épreuve. Alors, *acceptez l'échec comme une façon de vous inspirer à redoubler d'efforts*.

Une foi « aveugle » n'existe pas. Vous devez avoir un objectif, un but ou un besoin précis avant de tirer profit de la foi absolue.

La foi est une sorte de guide intérieur qui ne vous apportera pas ce que vous recherchez, mais qui vous montrera plutôt le chemin à emprunter pour obtenir ce que vous voulez.

La foi est la porte que vous devez ouvrir pour communiquer avec l'Intelligence Infinie et Lui demander de l'aide. C'est la seule chose qui exaucera vos prières.

Source : *Success Unlimited*.

- 7 -

LA FLEXIBILITÉ PEUT OPÉRER DES «MIRACLES»

selon Judith Williamson

« Je possédais deux avantages à mon crédit : une éthique de travail solide et une capacité à me relever rapidement après un échec. Comme Napoleon Hill le dirait, j'étais flexible. D'ailleurs, le docteur Hill définit la flexibilité comme cette « capacité à s'adapter aux urgences et aux circonstances sans perdre son aplomb ou se laisser déséquilibrer en raison de la colère ».

– Jim Connelly

Pendant mes études collégiales en littérature anglaise, j'ai été appelée à lire la nouvelle d'Herman Melville intitulée *Bartleby the Scrivener*. Melville l'a écrite après avoir publié son classique *Moby Dick*. Bartleby était le personnage principal de l'histoire et il était assez exceptionnel. Un jour, après qu'il ait été embauché pour travailler comme rédacteur dans un cabinet légal, on lui donna un mandat et sa réponse fut qu'il préférait ne pas l'exécuter. Avec le temps, ce genre de réponse devint sa réplique habituelle presque comme une sorte de mantra. Les gens ne savaient plus que penser et cherchaient à comprendre son comportement. Bien tristement, la situation s'est détériorée, et comme prévu, Bartleby s'est « retiré » lui-même de la société. À la fin de l'histoire, le lecteur est obligé de se demander pourquoi Bartleby avait-il décidé de ne pas prendre de décision. Croyait-il que le fait de ne pas prendre de décision lui permettrait de créer autour de lui un écran protecteur ou sentait-il qu'en ne prenant pas de décision il affirmait son indépendance? Peu importe son raisonnement, à la fin, il fut le perdant. En ne prenant pas de décision, il s'était exclu lui-même.

Être flexible présente des avantages évidents. Dans un processus de prise de décision, la flexibilité rejoint la vision créatrice. Lorsque nous sommes ouverts plutôt que fermés aux possibilités que l'Univers nous envoie, nous nous trouvons dans un état propice à recevoir. Pour recevoir, il faut que le mouvement soit réciproque. Saint-François disait : « C'est en donnant que nous recevons ». Vous donnez pour recevoir et vous recevez pour donner. Tout comme une graine plantée qui pousse et est récoltée pour produire d'autres graines à planter, alors dans votre vie, les choses devraient se produire de la même façon. Lorsque nous éliminons ce processus, nous nous arrêtons dans notre croissance et nous courons à notre propre perte. En étant flexible, nous restons jeune, souple et nous continuons à grandir. Lorsque nous freinons le processus, nous commençons à dégénérer et nous mourons.

Décidez de ne pas être rigide, mais plutôt flexible. Adaptez-vous aux événements imprévus. Prenez des risques. Acceptez les défis. Voyez ce que l'Univers peut vous offrir. Et, qui sait? Vous pourriez peut-être profiter d'une opportunité exceptionnelle, attraper une étoile filante, frotter une lampe magique, ou découvrir un trésor au bout de l'arc-en-ciel tout comme dans les livres d'histoires de notre enfance. Mais vous ne pourrez jamais réaliser cela si vous n'êtes pas assez flexible pour répondre comme seuls les gagnants le font en disant : « Oui, je peux! »

LA FLEXIBILITÉ PEUT OPÉRER DES «MIRACLES» *selon Napoleon Hill*

Durant sa longue et fructueuse carrière, Napoleon Hill a rencontré les plus grands de ce monde; il a discuté avec eux et les a étudiés. C'est ce qu'il a appris avec eux qu'il vous transmet aujourd'hui, y compris sa propre sagesse. Il y a très peu d'hommes au cours de l'Histoire qui ont été capables d'influencer et d'améliorer la vie d'autant de gens comme l'a fait Napoleon Hill. Que ce soit ses livres ou ses conférences, ses émissions de radio et ses films, tous ont aidé des milliers de personnes à se prendre en main.

Le fondateur de la grande *United States Steel Corporation*, Andrew Carnegie était probablement le meilleur juge du caractère des êtres humains parmi tous les industriels de son époque. On lui doit la réussite de plus d'hommes que tout autre individu de son temps.

Lorsque Monsieur Carnegie avait besoin d'un homme pour accomplir un travail important, il recherchait les traits de personnalité suivants chez la personne avant de l'embaucher : une personne avec un sens aiguisé de la loyauté, une personne sur qui l'on pouvait compter, une personne flexible, et finalement, une personne capable de bien faire son travail.

Monsieur Carnegie disait que si un homme n'était pas loyal, digne de confiance et flexible, aucune somme d'habileté aurait pu alors le qualifier à occuper un poste de direction ou de supervision. Par « flexibilité », il entendait cette capacité à s'adapter rapidement aux urgences et aux circonstances sans perdre son aplomb ou se laisser déséquilibrer par la colère.

Il soutenait son point de vue en relatant l'expérience qu'il avait eue avec son chef de laboratoire. Il recherchait le chimiste le plus compétent qu'il pouvait se payer. Alors, il envoya un recruteur en Allemagne pour trouver un tel candidat qui travaillait en fait pour la *Krupp Gun Works*. Il fallut un salaire faramineux et un contrat de cinq ans pour que l'homme quitte la *Krupp Works*. Il fut embauché et il vint en Amérique.

À la fin du premier mois, une fois que le chimiste devint membre du « cerveau collectif » de Monsieur Carnegie, il fut évident que ce n'était pas le candidat qu'ils auraient dû embaucher. L'homme était sans l'ombre d'un doute le chimiste le plus compétent que Monsieur Carnegie n'avait jamais rencontré. Cependant, il était entêté et inflexible, ce qui faisait en sorte que personne des autres membres de l'organisation de Monsieur Carnegie n'arrivait à s'entendre avec lui. Alors, il fut congédié et reçut la rémunération complète de son contrat de cinq ans.

Un des cadres de Monsieur Carnegie fit remarquer que cette expérience avait été très coûteuse. « Je suis d'accord avec vous, avait répondu Carnegie, mais pas aussi coûteuse qu'elle aurait pu l'être si nous ne l'avions pas congédié. » C'était l'une des seules fois où un homme avait été choisi pour occuper un poste important au sein de l'organisation Carnegie sans que son dossier n'ait été préalablement étudié par le grand industriel lui-même.

La raison pour laquelle les gens essuient le plus souvent un échec est parce qu'ils ne sont pas capables de s'entendre avec les personnes autour d'eux. La flexibilité aide à remédier à cette faiblesse. Il n'y a pas deux personnes qui ont les mêmes traits de personnalité et les mêmes attitudes. La personne qui réussit sait cela, tout comme elle sait qu'elle ne peut pas exiger des autres personnes qu'elles changent ou qu'elles adoptent des attitudes différentes pour satisfaire ses exigences.

Alors, c'est elle qui change temporairement son attitude afin d'éviter les conflits avec les autres.

Nous avons des oreilles pour entendre et une bouche pour parler, mais heureusement nous n'avons pas besoin de parler chaque fois que nous entendons quelque chose qui ne nous plaît pas. Le silence peut s'avérer une arme redoutable. Il est souvent utilisé par les personnes posées lorsqu'elles sont face à des personnes qui ont les nerfs en boule ou qui sont portées à créer des incidents déplorables propices à l'argumentation.

Le regretté Franklin D. Roosevelt était l'un des hommes les plus flexibles que j'ai jamais connus. Il pouvait s'adapter facilement à toutes les personnes avec la plus grande facilité. Il a été dit que sa flexibilité était son atout le plus important et ce qui en avait fait le politicien ayant le plus réussi parmi tous ceux à avoir jamais élu domicile à la Maison-Blanche.

J'ai vu des hommes entrer dans le bureau du président Roosevelt en rugissant comme des lions, et une fois qu'il en avait fini avec eux, ces hommes en ressortaient doux comme des agneaux. Un jour, un banquier réputé vint voir le président. Il était aussi en colère qu'un coq de combat parce qu'un membre de la Maison-Blanche l'avait, à son avis, fait attendre trop longtemps. Avant même qu'il ne puisse s'asseoir, il commença immédiatement à se fâcher en disant : « Mon temps est précieux et je n'aime pas que des insignifiants me le fassent perdre. »

Roosevelt afficha un éclatant sourire et dit : « Eh bien, je sais exactement comment vous pouvez vous sentir, car mon temps est aussi très précieux ou bien je suis un imposteur. » Le visiteur sourit et s'excusa auprès du

Président, puis il dit : « Je paierais un million de dollars pour être aussi flexible que vous. » Et il l'aurait probablement fait avec joie.

Pas un jour ne passe sans que nous ne soyons confrontés à des expériences qui pourraient prendre des proportions insoupçonnées si nous n'avions pas la flexibilité nécessaire pour les neutraliser.

Il y a plus de trente traits de caractère qui, lorsqu'ils sont jumelés et appliqués, peuvent nous aider à développer une personnalité plaisante. La flexibilité est absolument nécessaire dans ce domaine puisque sans elle, nous ne pouvons pas nous entendre avec les autres en tout temps et en toutes circonstances.

Au cours des vingt années passées à faire des recherches pour concevoir ma philosophie du succès, il m'a fallu apprendre l'importance de la flexibilité. J'eus besoin d'être flexible à plusieurs occasions afin de m'ajuster à mon besoin d'avoir de l'argent. Je devais être flexible pour convaincre les quelque cinq cents éminents hommes d'affaires et industriels qui ont collaboré avec moi pour concevoir ma philosophie que le temps qu'ils prenaient à m'aider était sagement investi.

La flexibilité est la réponse à presque toutes les circonstances déplaisantes qui peuvent survenir. C'est ce que nous pouvons utiliser lors de cas d'urgence si nous nous rappelons *que chaque adversité apporte avec elle un avantage équivalent.* C'est lorsque vous faites face à l'adversité que vous pouvez savoir si vous êtes ou non flexible. Si vous possédez la flexibilité, vous commencerez immédiatement à chercher *l'avantage positif* plutôt que de vous laisser déséquilibrer par la peur, l'apitoiement sur votre sort, l'anxiété ou le ressentiment.

Pour que je puisse garder ma flexibilité dans les premières années de la Dépression qui a commencé en 1929, je me suis mis à écrire des livres. Je ne pensais même pas à les faire publier. J'écrivais seulement pour maintenir ma flexibilité. Toutefois, trois de mes amis se sont adaptés aux circonstances d'une manière bien différente. L'un d'eux s'est jeté en bas d'un édifice de plusieurs étages, l'autre s'est tiré une balle mortelle dans la tête et le troisième a « résolu » son problème en prenant une surdose de poison. J'ai perdu autant sur le plan financier que mes trois amis, et cela, en raison de la Dépression. Par contre, de toute évidence, je disposais d'un atout qu'ils ne possédaient pas.

Il y a une chose que j'ai apprise au cours de ma vie et qui est restée dans mon esprit plus que toute autre comme étant une grande bénédiction. J'ai appris qu'il n'y a aucune expérience ou perte matérielle qui ne soit importante pour une personne tant et aussi longtemps que cette personne reste en contact avec l'Intelligence Infinie et qu'elle conserve suffisamment de confiance en elle-même pour être guidée par cette source de Force Divine. C'est aussi une autre façon d'utiliser la flexibilité et elle apporte avec elle une évidence convaincante que certaines expériences que parfois nous voyons comme étant d'irréparables adversités sont plutôt des bénédictions. Il est vrai qu'un Créateur remarquable a prévu que personne ne doit expérimenter une perte de quelque nature que ce soit sans avoir le potentiel d'en retirer un gain équivalent sous une forme ou une autre.

La flexibilité développe la capacité de reconnaître que tout ce que l'esprit peut *concevoir* et *croire*, il peut *l'accomplir*. Elle permet aussi aux gens d'acquérir la sagesse de reconnaître que le TEMPS est le plus important guérisseur universel qui puisse aider à surmonter la plupart des désappointements humains, les déceptions et les frustrations et le courage de reconnaître que la force, physique et spirituelle, grandit à travers les défis.

Source : *Success Unlimited*, septembre 1955, vol. II, nº VII, p. 8, 9, 10 et 11.

- 8 -

DÉVELOPPER LA CONFIANCE EN SOI
selon Judith Williamson

« Il se souvint du temps où il était dans l'armée alors qu'il suivait des consignes telles que « tête haute, épaules en arrière, torse bombé, estomac plat, soldat, n'oubliez pas que si vous mesurez un mètre quatre-vingt-huit, vous devez marcher comme si vous mesuriez un mètre quatre-vingt-dix ». Il s'en souvenait. Il commença à marcher en se tenant plus droit. En fait, il vivait dans sa voiture. Rien n'avait changé, sauf qu'il ne bégayait plus. C'est vraiment bizarre ce qu'une touche de confiance imaginaire peut accomplir en fin de compte. »

– Michael Johnson

Quand les temps sont turbulents, les âmes sont tourmentées. Vivre un jour à la fois sans avoir de réseau de soutien peut conduire une personne vers un désastre. Autant Napoleon Hill que le collaborateur de ce chapitre Michael Johnson ont connu des échecs. Cependant, ils ont réparé leurs revers en les transformant en remontées spectaculaires. Nous nous souvenons tous de l'adage qui dit : « Quand les temps sont durs, les gens qui ont du cran continuent à avancer.» Cette citation nous rappelle, tout comme la formule de confiance de Monsieur Hill, que nous devons passer à l'action chaque jour de manière positive si nous voulons changer le cours des événements en notre faveur.

Les factures, les relations humaines, les conditions de travail, les conditions de vie et la température peuvent démoraliser une personne. Vous vous demandez sans doute si le fait de changer votre froncement de sourcil en mine plus joyeuse vaut la peine d'y mettre les efforts. Et, invariablement, ça en vaut la peine. Il se trouve qu'il s'agit de la première étape pour vous aider à entamer une remontée. Ne jamais abandonner, ne jamais accepter d'échouer et ne jamais laisser personne vous étiqueter comme un lâcheur, voilà les caractéristiques d'un gagnant. Les gagnants ne perdent jamais au jeu de la vie. Ce sont des personnes qui mettent en pratique la fixation de buts à long terme de manière tenace, déterminée et qui ont le désir de tenir jusqu'au bout même si le trajet est sinueux.

Le Dr Hill partage avec vous sa formule de confiance en soi. Elle provient de l'un de ses articles hebdomadaires sur la façon de retrouver la confiance en soi. Lisez cet article en ayant sous la main un carnet et un stylo. Si vous constatez des ressemblances avec votre comportement, vous devez alors écrire vos pensées. Lorsque vous aurez terminé, vous aurez peut-être découvert pourquoi vous n'êtes pas encore sur la route des gagnants. Maintenant que vous connaissez la route à prendre, pourquoi ne pas choisir de l'emprunter? Votre vie en sera grandement améliorée. Réfléchissez à l'alternative qui vous est offerte.

DÉVELOPPER LA CONFIANCE EN SOI *selon Napoleon Hill*

« Lorsque vous vous sous-estimez, vous faites un affront au Créateur. »

La plus merveilleuse personne au monde est la personne qui est en train de lire cette phrase. Si vous ne reconnaissez pas cette vérité, alors vous devez immédiatement commencer à lire les instructions suivantes :

Visez un but précis et commencez dès maintenant à tout faire pour l'atteindre.

Écrivez un énoncé clair des avantages reliés à votre but précis et répétez-le plusieurs fois par jour dans votre tête sous forme de prière pour vous aider à l'atteindre.

Si votre but précis consiste à atteindre quelque chose de matériel comme de l'argent, lorsque vous rappelez votre but précis à votre conscience, voyez-vous déjà en train d'en posséder.

Regroupez-vous avec autant de gens que possible sympathiques à votre cause et à votre but précis et incitez-les à vous procurer de l'encouragement et de la confiance de toutes les façons possibles.

Ne laissez pas une seule journée s'écouler sans faire au moins une action pour atteindre votre but précis et rappelez-vous toujours qu'un projet qui a de la valeur est toujours réalisé avec des ACTIONS – ACTIONS – ACTIONS!

Choisissez une personne prospère et sur laquelle vous pouvez compter pour vous servir d'entraîneur et soyez déterminé non seulement à atteindre ses accomplissements, *mais à les dépasser*.

Lorsque vous essuyez une défaite, lorsque des obstacles surgissent et que la vie est difficile, n'abandonnez pas, mais faites preuve d'encore plus de volonté et de détermination, et continuez à avancer.

Pratiquez l'habitude de ne jamais vous sauver des circonstances désagréables, mais plutôt apprenez à les transformer en inspiration vers l'accomplissement de vos désirs.

Et rappelez-vous que L'AMOUR et la haine se sont disputés un combat. La Haine s'est entourée d'un cercle qui excluait l'AMOUR, mais l'Amour s'est mis à la tâche avec un large sourire et a créé un cercle encore plus grand pour inclure la Haine et son cercle à l'intérieur du sien.

Finalement, reconnaissez la vérité qui dit que vous devez payer un prix pour obtenir tout ce qui en vaut la peine. Le prix de la confiance en soi est d'exercer une éternelle vigilance pour suivre ces instructions. Votre mot d'ordre doit donc être la PERSÉVÉRANCE.

Rappelez-vous que si vous manquez votre coup à cause d'un manque de confiance en vous, vous exprimez par le fait même votre ingratitude à l'égard de votre Créateur dont l'unique et exclusif privilège qu'Il vous a accordé est que vous maîtrisiez et utilisiez votre esprit pour déterminer votre destin sur terre.

Source : *Success Unlimited.*

– 9 –

LA PUISSANCE D'UNE ATTITUDE MENTALE POSITIVE
selon Judith Williamson

« La situation économique actuelle nous indique qu'il y a des opportunités à saisir. Il n'y a pas meilleur moment pour investir dans notre avenir, c'est-à-dire nos enfants et nos étudiants. »

– Dr Frank Frey

Quand il est question d'adopter une attitude mentale positive, comment vous évaluez-vous? Le chiffre 5 étant excellent et 1 étant nul, comment vous classez-vous sur l'échelle de la « bonne attitude mentale » pour réussir? Considérez sérieusement pour un instant cette autoévaluation quotidienne comme étant l'élément le plus important de l'hygiène mentale requise pour vous renouveler chaque jour par rapport à votre système de valeurs personnel. À chaque jour, nous posons des gestes rituels tels que prendre notre douche, se coiffer, se brosser les dents et bien d'autres choses encore. Mais, quand vient le temps d'examiner minutieusement notre condition mentale, trop souvent nous nous permettons d'être insouciants.

Je connais des gens qui ont non seulement mémorisé la formule de confiance en soi du Dr Hill, mais qui l'ont collée au miroir de leur salle de bains afin de répéter cette affirmation positive en se préparant le matin pour la journée, et cela, autant mentalement que physiquement. Le matin est un bon moment de la journée pour faire des affirmations, pour se motiver ou appliquer des pensées positives qui cheminent profondément dans notre psyché en préparation pour la journée qui commence. Une journée débutée de manière positive prédispose au reste de la journée qui devrait se dérouler également de manière positive. Pareillement, une journée débutée en pensant à des choses stressantes ou inquiétantes prédispose à être encore plus stressé et inquiet pour tout le reste de la journée. La différence entre les deux est la façon dont vous déterminez l'atmosphère du jour, de ce moment présent de votre passage sur cette terre. Vous êtes la seule personne qui puisse choisir de vivre votre vie de manière positive ou négative.

Pourquoi tout cela a-t-il de l'importance? C'est important parce que pour pratiquer activement la *philosophie du succès*, vous devez tout d'abord avoir la bonne attitude, car elle contribue à appliquer les autres principes d'accomplissement. Sans une attitude mentale positive bien ancrée, Thomas Edison, Henry Ford, Helen Keller, les frères Wright, Andrew Carnegie, Napoleon Hill, W. Clement Stone, et leurs homologues d'hier et d'aujourd'hui, n'auraient jamais réalisé de projets à conséquence durable. C'est en ayant l'ouverture et la réceptivité propres à une attitude mentale positive bien ancrée que votre demande à l'Intelligence Infinie sera exaucée parce que vous vous attendez à ce qu'elle soit satisfaite. Votre espérance de réussite permet à l'Univers de vous fournir ce que vous désirez exactement au moment prévu après que vous soyez passé à l'action afin que ce que vous désirez puisse se réaliser. Envisagez un instant comment une pensée peut devenir une chose et comment une pensée dotée d'une émotion devient une chose encore plus rapidement. Maintenant, rappelez-vous un moment de votre vie où vous vouliez quelque chose à tout prix et comment vous avez appuyé ce vœu d'une intention positive, d'une bonne attitude mentale et de l'action appropriée. Bien souvent, l'objet de vos désirs vous arrive rapidement parce que vous connaissez le code ou la formule pour créer l'objet de vos désirs. Ce n'est un secret pour personne. C'est une formule de réussite qui comprend l'attitude, l'intention et du travail acharné. Essayez et constatez par vous-même! Cela fonctionnera chaque fois que vous investirez les efforts nécessaires!

LA PUISSANCE D'UNE ATTITUDE MENTALE POSITIVE *selon Napoleon Hill*

« Votre attitude mentale a beaucoup plus de poids que vos paroles. »

Une attitude mentale positive est la première des douze grandes richesses et elle est le moyen par lequel vous pouvez alors profiter du pouvoir magique de la FOI.

Thomas A. Edison CROYAIT qu'il pouvait perfectionner la lampe électrique à incandescence malgré le fait qu'il échoua plus de dix mille fois avant de réaliser son projet.

Marconi CROYAIT que l'oxyde de diéthyle pouvait conduire les vibrations du son sans avoir à utiliser de fils et il essuya plusieurs échecs avant de concrétiser sa victoire.

Christophe Colomb CROYAIT qu'il trouverait des terres dans une mer inexplorée et il navigua autant comme autant jusqu'à ce qu'il en trouve, et ce, malgré les menaces de mutinerie proférées par ses marins.

Madame Schuman-Heink CROYAIT qu'elle deviendrait une grande chanteuse même si son premier professeur lui conseilla de retourner travailler sur sa machine à coudre et de se contenter d'être une couturière. Sa foi absolue la récompensa d'une grande réussite.

Helen Keller CROYAIT qu'elle apprendrait à parler malgré le fait qu'elle avait perdu la parole, la vue et l'ouïe et elle vécut pour voir cette croyance lui donner le privilège d'inspirer des personnes souffrantes partout dans le monde.

Henry Ford CROYAIT qu'il pourrait construire une voiture sans chevaux qui fournirait un moyen de transport rapide et peu coûteux, et malgré le fait que plusieurs personnes étaient sceptiques et qu'elles le traitaient de fou, le produit de sa croyance fit le tour de la terre.

Andrew Carnegie CROYAIT que je pourrais concevoir une philosophie du succès en me basant sur son savoir-faire et celui de plusieurs autres hommes qui avaient réussi, et sa croyance transmise dans mon esprit, donna au monde la Science du Succès qui profita à un très grand nombre de personnes partout dans le monde.

Notre formidable mode de vie nord-américain et notre incomparable système de libre entreprise sont créés par l'esprit de gens qui CROIENT au système gouvernemental et au système économique.

Les gens qui CROIENT sont les précurseurs de la civilisation, les constructeurs d'industries, les créateurs d'empires et les révélateurs des merveilleux bienfaits que le Créateur de toutes choses a mis à notre portée.

Source : *Success Unlimited.*

- 10 -

LE TRAVAIL D'ÉQUIPE
selon Judith Williamson

« La communication est comme une danse où on doit mener et suivre, donner et recevoir, parler et écouter, créer et accepter. »

– Niurka

L'activité « Portes ouvertes » qui a lieu annuellement au centre d'apprentissage mondial *Napoleon Hill World Learning Center* à la *Purdue University Calumet* se tient habituellement au cours des deux premières semaines de mai. Il s'agit d'un événement auquel tout le monde peut assister. Une fois que vous aurez pris connaissance du programme de la journée, vous serez d'accord pour dire que cet événement n'aurait jamais pu être organisé sans avoir mis en œuvre le principe du travail d'équipe. Le thème de cette année portait sur les auteurs, musiciens et artistes qui ont été inspirés par les enseignements du Dr Hill. Je peux vous dire que tous les participants étaient des gens exceptionnels, et en effet, il y en avait pour tous les goûts.

Parmi eux, on comptait les auteurs Andy Bienkowski et Mary Akers (*Radical Gratitude*), Rich

Winograd (*Paloma*), Christina Chia (*Mind Garden*) et le révérend Sam Boys (*An Ancient Sound for the Present Moment*). Au nombre des musiciens, mentionnons Antonio Castillo de la Gala (pianiste), Michael Telapary (flutiste) et le révérend Sam Boys, (joueur de didgeridoo). Des artistes comme Michael Telapary (artiste et concepteur graphique) et Chino Martinez (créateur de labyrinthe) étaient aussi présents. Un concert-bénéfice dont les profits allaient au *Chancellor's Scholarship Fund* de la *Purdue University Calumet* a eu lieu le mardi soir, et on y présentait des pièces jouées par Antonio, Michael et Sam. Ensuite, le mercredi, un atelier pratique d'une journée a permis aux élèves de la *Calumet High School's Band* d'apprendre à jouer du didgeridoo; le public était aussi invité à y participer. Finalement, le jeudi marquait la fin de l'activité « Portes ouvertes » avec l'organisation d'une sortie éducative pour assister à la nouvelle comédie musicale *Crazy for You* qui présente les oeuvres du compositeur George Gershwin.

De plus, entre les événements, les participants ont eu l'occasion d'assister à des présentations gratuites, à faire du réseautage, à visiter la *W. Clement Stone Library* et d'en apprendre davantage sur la philosophie du succès conçue par le Dr Napoleon Hill.

Pourquoi ne pas vous joindre à nous la prochaine fois et suivre le chemin de la réussite avec l'aide de vos amis? Notre but est d'enseigner la philosophie du succès du Dr Hill à toute personne intéressée à s'améliorer. N'est-il pas temps que vous investissiez dans votre atout le plus important, c'est-à-dire vous-même?

LE TRAVAIL D'ÉQUIPE
selon Napoleon Hill

La coopération harmonieuse est un atout inestimable que vous pouvez acquérir en proportion de ce que vous donnez.

Tout comme l'amour et l'amitié, la coopération est quelque chose qu'on obtient en donnant. Il y a un grand nombre de voyageurs sur le chemin du bonheur. Vous aurez besoin de leur coopération tout comme ils auront besoin de la vôtre.

Il y aura aussi d'autres générations après les nôtres. Leur sort dépendra grandement de l'héritage que nous leur léguerons. Nous devons établir des ponts entre les générations, non seulement pour celles d'aujourd'hui, mais pour celles à venir. Nous devons bâtir pour eux avec le même esprit que celui du vieil homme dont il est question dans le poème qui suit :

Un vieil homme parcourait une route solitaire,
Quand il atteignit par un soir brumeux et froid,
Un précipice profond et vertigineux.
Le vieil homme le franchit dans le crépuscule sombre,
Car ce ruisseau tortueux ne l'effrayait point.
Mais il se retourna lorsqu'il atteint l'autre rive,
Et construisit un pont pour traverser en temps de marée montante.
Un compagnon pèlerin qui passait par là lui lança :
« Vieil homme, vous gaspillez votre énergie à bâtir dans ces contrées.
Votre périple sera terminé à la fin de la journée,
Et vous n'aurez plus jamais à passer par ici.
Vous avez franchi ce précipice profond et vertigineux.

Pourquoi donc bâtiriez-vous un pont à la chute du jour? »
Alors, le vieux constructeur aux cheveux gris leva la tête et dit :
« Cher ami, sur la route que j'ai parcourue,
Il y avait un homme jeune derrière moi aujourd'hui.
Il devra lui aussi passer par ici.
Ce ruisseau qui n'était rien pour moi,
Pourrait bien être un piège pour ce garçon aux cheveux blonds.
Il devra lui aussi le franchir dans le crépuscule sombre.
Alors, cher ami, c'est pour lui que je bâtis ce pont. »

Un travail d'équipe empreint de générosité et de dévouement produira des bénéfices importants pour la présente génération ainsi que pour celle à venir. Ainsi, en construisant des ponts à l'intention des générations futures, nous nous préparerons à obtenir de très bonnes choses qui ne peuvent se produire qu'en coopérant de manière amicale.

Si vous utilisez cette philosophie pour en tirer un avantage personnel, rappelez-vous que vous êtes redevable à ceux qui vous suivront. Souvenez-vous aussi de bâtir pour eux.

Source : *PMA Science of Success: Educational Edition,* p. 354, 355 et 356.

- 11 -

LA DIFFÉRENCE ENTRE SOUHAITER ET CROIRE
selon Judith Williamson

**Comme on l'a déjà si sagement exprimé :
« Le professeur se présente seulement
lorsque l'élève est prêt. »
– Gloria Belendez-Ramirez**

Lorsque j'enseignais l'anglais au secondaire, je reçus un jour une tasse de la mère d'un de mes élèves sur laquelle se trouvait le texte suivant :

Chaque jour est un nouveau départ...
une autre chance
d'en apprendre davantage sur soi,
de se préoccuper davantage des autres,
de rire encore plus qu'on ne l'a jamais fait,
d'accomplir encore plus qu'on ne le croyait possible,
d'être encore meilleur qu'avant.
(Auteur inconnu)

De tous les cadeaux que j'ai reçus au cours de ma carrière d'enseignante, celui-là m'est encore très cher parce qu'une histoire s'y rattache. Ce n'est pas le fait que ce soit un cadeau qui rend cette tasse spéciale, mais plutôt le sentiment qu'elle suscite.

La mère de l'élève travaillait à la cafétéria de l'école où j'enseignais, mais je n'avais jamais fait le lien entre cette personne et l'un de mes élèves parce que je ne connaissais que son prénom. Un jour, alors que j'attendais dans la file à la cafétéria, je vantais le travail d'un élève et je mentionnai que bien qu'il avait repris le cours durant la session d'été pour obtenir son diplôme et graduer, son travail était exceptionnel. Je ne doutais pas qu'il manquait de talent ou d'initiative à faire le travail, mais peut-être que dans le passé, Michel n'était pas motivé. Toutefois, maintenant, sa motivation et son travail étaient à leur plus haut niveau.

À mesure que je parlais, je savais que je vantais ce jeune homme, mais cela n'avait pas d'importance puisque nous étions entre collègues et que nous étions tous intéressés par le rendement de nos élèves. Mon seul souci était le fait de penser que quelques semaines auparavant son conseiller m'avait averti que ce garçon ne serait qu'un trouble-fête en classe et qu'il échouerait éventuellement. Je suppose que je faisais son éloge parce que c'était le contraire qui s'était produit, il participait vraiment bien en classe et il collaborait avec les autres étudiants. À vrai dire, j'étais contente qu'il soit dans mon groupe et que les prévisions du conseiller s'avéraient fausses. J'étais soulagée et reconnaissante envers le jeune homme du fait qu'il avait travaillé avec autant d'application.

Lorsque j'arrivai à la caisse pour payer, la dame qui prit mon argent me dit seulement deux mots : « Merci beaucoup ». D'une certaine façon, je savais que ce n'était pas parce que je venais de payer mon repas. Alors, je lui demandai : « Pour quelle raison? » Elle m'a tout simplement regardée et dit : « Michel est mon fils et vous êtes la première enseignante à dire du bien de lui. » J'étais stupéfaite. J'ai répondu que je n'étais pas au courant de cela et, avec hésitation, j'ai prononcé quelques mots et répété rapidement qu'il était bon à l'école, qu'il n'avait aucun problème et qu'il allait avoir de très bonnes notes. À nouveau, j'ai souligné son rendement positif et elle est restée là à m'écouter et à boire mes paroles comme toute bonne mère fière de son enfant l'aurait fait.

De façon très significative, j'ai senti qu'elle avait remporté une grande victoire ce jour-là devant le conseiller et les autres enseignants présents à la cafétéria. Lorsque j'eus terminé de défendre Michel, elle me dit qu'il performait parce que je m'attendais à ce qu'il performe en classe. Les autres enseignants n'avaient pas créé de grandes attentes à son sujet, et c'est pour cette raison qu'il avait choisi de ne rien faire ou de déranger.

Alors, vous voyez, l'enseignante a appris énormément de l'élève, et aussi de la mère de son élève. Cette dernière savait que des attentes positives produiraient un rendement exceptionnel. Et plus tard, elle me donna la tasse pour me rappeler que chaque jour est un nouveau départ, non seulement pour nous, mais aussi pour les gens que nous rencontrons. Dans cette société où le jetable est à la mode, il est important d'identifier et de louanger ouvertement quelqu'un qui le mérite pour avoir découvert ses talents cachés, quand pour certains cette personne ne valait pas grand-chose. Quelle belle expérience pour la personne qui a déniché un tel joyau et aussi pour la personne qui réalise que le précieux bijou est à l'intérieur d'elle-même et qu'elle n'a qu'à le polir pour le perfectionner!

Voilà pourquoi je garde cette tasse. Je ne voudrais pas oublier la leçon ni l'élève qui me l'a apprise. Lorsqu'un talent caché est découvert, le monde entier en ressort gagnant.

LA DIFFÉRENCE ENTRE SOUHAITER ET CROIRE
selon Napoleon Hill

La plupart des gens ne font jamais la différence entre souhaiter et croire. Ils ne savent pas non plus qu'il y a six étapes à suivre pour utiliser la puissance de leur esprit et réaliser leurs désirs. Ces étapes sont :

Premièrement : la grande majorité des gens passent leur vie à souhaiter d'avoir des choses. On estime que 70 % des gens s'arrêtent au vœu.

Deuxièmement : environ 10 % des gens transformeraient leurs voeux en désirs.

Troisièmement : 8 % des gens transformeraient leurs vœux et leurs désirs en espoirs.

Quatrièmement : 6 % des gens font passer la puissance de leur esprit à un niveau où cela devient une croyance.

Cinquièmement : 4 % des gens cristallisent leurs vœux, leurs désirs et leurs espoirs en croyances, ensuite en désirs brûlants et finalement, en foi totale.

Sixièmement : Seulement 2 % des gens franchissent les deux dernières étapes en mettant leur foi à leur service pour passer à l'action en (1) planifiant et (2) en agissant de sorte à exécuter leurs plans.

Les leaders incontestés de toutes les classes sociales se trouvent dans le sixième groupe. Ils reconnaissent la puissance de leur esprit. Ils utilisent ce pouvoir et le dirigent vers ce qu'ils choisissent de réaliser. Aux yeux de ces gens, le mot « impossible » n'existe tout simplement pas. Pour eux, tout ce qu'ils désirent ou tout ce dont ils ont besoin est atteignable, et ils s'organisent pour l'obtenir. Le seul trait qui les différencie de la plupart des autres personnes qui acceptent l'échec comme étant leur sort est qu'ils reconnaissent et utilisent la puissance de leur esprit pour accomplir leurs projets, tandis que les autres ne le font pas.

Source : *PMA Science of Success*, p. 232 et 233.

- 12 -

L'ATTITUDE MENTALE D'UNE PERSONNE

selon Judith Williamson

« Les liens qui unissent peuvent aussi être des liens qui aveuglent. Demeurez aimant et optimiste, mais gardez toujours les yeux bien ouverts même lorsque vous faites affaire avec vos proches. »

– Eliezer A. Alperstein, CPA

À fur et à mesure que chacun de nous escaladons l'échelle de la réussite, ce n'est qu'une question de temps avant que nous ne glissions sur l'un de ses faibles échelons. À ce moment précis, soit qu'on se stabilise pour éviter une chute douloureuse, soit qu'on perde l'équilibre. La même chose se produit dans la vie. Tout peut bien aller, et soudainement sans prévenir, un événement se produit. C'est alors que nous sommes déséquilibrés ou que nous faisons un faux pas. Ce peut être quelque chose d'aussi simple que de manquer un autobus en allant travailler le matin ou un événement aussi marquant qu'un décès dans la famille. Chacun de ces événements contribue à augmenter notre niveau de stress et, par le fait même, à influencer notre rendement dans son ensemble. Lorsque des bouleversements surviennent, comment une personne se ressaisit-elle et continue-t-elle à se surpasser?

Napoleon Hill répondrait à la question ci-dessus en disant aux gens qu'il faut toujours conserver une attitude mentale positive. En maintenant une telle attitude, vous vous assurez de vaincre les épreuves et vous ne perdez rien des progrès déjà faits. Lorsque vous adoptez une attitude mentale positive, vous conditionnez votre esprit pour la réussite, et ce, même dans des moments de désespoir. Je me souviendrai toujours de la déclaration de W. Clement Stone : « Dieu est toujours un *bon* Dieu ». Même après avoir perdu ses deux aînés, Stone n'a jamais maudit Dieu ni demandé pourquoi il avait subi cette épreuve. Il continua d'affirmer continuellement que la nature de Dieu était bonne et qu'ainsi le Créateur ne lui voulait aucun mal. Stone le savait pertinemment, et il y croyait hors de tout doute. C'est donc par son indéniable foi qu'il put démontrer au monde entier toute la puissance d'une attitude mentale positive.

Le fait qu'une personne accepte de voir le bon côté des choses même lorsqu'elle doit lutter contre des difficultés ne veut pas dire qu'elle est faible ou naïve. Mais ce penchant à nous concentrer sur les choses positives même lorsque nous affrontons des expériences négatives fait ressortir toute la valeur de l'optimisme. Lorsque nous nous attendons à recevoir de bonnes choses, nous nous conditionnons à les recevoir et à les rechercher, et malheureusement, le contraire s'avère aussi vrai. D'ailleurs, Napoleon Hill indique clairement ceci : « Vous êtes dans la vie là où vos habitudes de pensées vous ont amené ». Les pensées peuvent devenir des habitudes tout comme les actions. Avez-vous l'habitude d'entretenir des pensées positives ou négatives? Devriez-vous transformer votre manière de penser ou l'abandonner? Bien sûr, vous êtes libre de choisir tout comme c'est le cas pour d'autres habitudes. Et, de ces choix, vous déterminez votre destin.

Posez-vous la question suivante : « Quelle sorte d'avenir est-ce que mes pensées me prédisent? » Vous êtes la seule personne qui puisse prévoir le résultat. Si vous avez brassé les cartes comme le dit l'expression populaire, vous avez mis tous les atouts de votre côté, ou l'inverse, en choisissant votre attitude mentale.

L'ATTITUDE MENTALE D'UNE PERSONNE
selon Napoleon Hill

L'attitude mentale d'une personne en rapport avec la défaite est un élément de haute importance pour déterminer si elle suit le courant lorsqu'elle est du côté de la rivière de la vie, là où la réussite lui sourit, ou si elle se laisse emporter par l'échec, lorsqu'elle doit se battre contre la malchance.

Les circonstances qui départagent l'échec de la réussite sont parfois si obscures qu'on en oublie la véritable cause. Bien souvent, ces circonstances sont reliées à l'état d'esprit dans lequel se trouve la personne lorsqu'elle est confrontée temporairement à une défaite. La personne qui adopte une attitude mentale positive réagit à la défaite par un esprit de détermination de ne pas l'accepter. La personne dont l'attitude mentale est négative réagit à la défaite par un esprit d'acceptation désespérée.

La personne qui maintient une attitude mentale positive peut obtenir tout ce que son coeur désire, tant et aussi longtemps qu'elle ne déroge pas aux lois divines ainsi qu'aux droits de ses pairs. Elle essuiera probablement plusieurs défaites, mais elle n'abandonnera pas face à l'échec. Elle le transformera en point de départ à partir duquel elle atteindra des sommets de plus en plus hauts sur le chemin de l'accomplissement.

La question entourant une attitude mentale positive est si importante qu'elle n'a pas seulement obtenu la première position des douze richesses de la vie, mais elle devait être incluse en tant qu'élément le plus important dans le principe d'une personnalité plaisante. Nous en avons parlé dans pratiquement chaque principe de ce cours.

Une attitude mentale positive est un élément essentiel de la solution à tous les problèmes personnels. C'est en fait la qualité magique qui permet d'attirer la réussite tout comme un électroaimant attire les limailles de fer.

Le secret absolu de la formule qui vous permet de transformer la défaite en atout se trouve dans votre capacité à maintenir une attitude mentale positive malgré votre défaite.

Il ne s'agit pas d'une loi humaine. C'est l'un des impondérables de la nature qui donne à l'homme le privilège d'accéder à ce pouvoir extraordinaire qu'est la foi. La foi et l'attitude mentale positive sont jumelles! Lorsque vous trouvez l'une des deux, l'autre la suit de près. Elles sont inséparables. La foi est une force qu'il est impossible d'analyser scientifiquement. Par ailleurs, il s'agit de la plus grande puissance mise à la disposition d'un être humain.

Et le plus étrange dans tout cela, c'est que la foi est gratuite. Elle est à la disposition autant de la personne qui possède des moyens modestes que de celle qui dispose de moyens considérables. Reconnaissez cette vérité et vous serez véritablement sur le chemin menant à la Vallée du Bonheur.

Source : *PMA Science of Success*, p. 396 et 397.

- 13 -

UNE LEÇON QUI PROVIENT DE LA NATURE

selon Judith Williamson

« Un but vous stimulera à vous lever tôt, à poursuivre sa matérialisation avec passion, à chercher d'autres solutions lorsque les obstacles surgissent et à demander de l'aide afin de l'atteindre. »

– Don M. Green

À ce moment-ci de l'année, je cite habituellement les paroles d'Emerson qui dit que les fleurs sont les sourires de la terre. Quelle image éloquente pour parler du printemps! Le renouveau de la terre pendant cette saison nous invite à nous arrêter et à nous demander d'où peut bien venir toute cette beauté qui surgit après tous ces longs mois d'hiver. Dans l'un de ses premiers poèmes, Dylan Thomas parle d'une essence spirituelle dont la beauté émane de la terre qui semble morte en la qualifiant de « force qui fait pousser les fleurs à travers la verdure ». Cette force est sans aucun doute l'Intelligence Infinie à laquelle le Dr Hill se réfère continuellement dans ses enseignements. Tout comme la terre, c'est la Force qui nous a aussi créés. Rappelez-vous que vous faites partie de la nature dans laquelle vous vous trouvez, vous en êtes indissociables.

En pensant aux moyens que nous utilisons, nous les humains, pour aboutir aux résultats attendus, Dr Hill nous rappelle qu'il est toujours préférable de définir nos buts en tenant compte des lois de la nature. Il évoque que nous faisons partie d'un système qui fut créé par l'Intelligence Infinie. Comme ce plan est le guide des opérations de l'Univers, si nous voulons réussir, nous devons toujours respecter le code, ou autrement dit, être en concordance avec les lois de la nature.

Napoleon Hill a déclaré que : « La nature révèle ses secrets les plus profonds à l'homme qui est déterminé à les découvrir. » Nous sommes à nouveau face à un rappel selon lequel la ténacité est la clé permettant de décrypter les mystères de l'Univers. Cela nous ramène tous azimuts à l'idée qu'il y a une Force ou un Esprit responsable de notre existence dans ce bas monde. Ainsi, il est tout à fait sensé de nous relier aux lois naturelles de l'Univers lorsque nous cherchons à accomplir quoi que ce soit.

Lorsque nous nous fixons des buts en conformité avec les lois naturelles et la Force créatrice qui permettent à une plante de fleurir, nous travaillons en lien avec l'ordre naturel des choses. Pour certaines personnes, cette harmonisation ne se produit jamais parce qu'elles croient qu'elles n'ont pas à suivre de règles. Leurs projets avortent dès le départ ou ils n'aboutissent jamais parce qu'elles ne suivent pas le chemin déjà établi.

À mesure que vous allez apprendre à établir et atteindre des buts réalisables, vous allez vous rendre compte qu'il est plus facile d'y arriver si vous harmonisez vos buts avec votre mission de vie et vos talents. Commencez tout d'abord par faire une liste de tous vos atouts pour être certain que vous avez les compétences et les capacités requises pour parvenir au niveau de croissance personnelle désirée. Cela ne veut pas dire que tout doit être en place avant que vous ne commenciez; vous n'avez besoin que des éléments de base. Ensuite, mettez-vous au travail pour réaliser votre but en passant à l'action et en croyant fermement en sa réalisation. Il s'agit là d'une bonne base à établir. Maintenant, lisez les suggestions que vous donne Dr Hill en vivant intensément votre but. Il suggère de vivre votre mission de vie tout en montant les échelons de la réussite et en atteignant vos buts un à la fois.

UNE LEÇON QUI PROVIENT DE LA NATURE
selon Napoleon Hill

Tout ce qui est animé ou inanimé commence par être un noyau, un tourbillon d'énergie qui, même s'il est très petit, peut défier la lentille d'un microscope. Ce noyau a le pouvoir d'attirer ce qui lui ressemble et ce dont il a besoin pour assurer sa subsistance et sa croissance.

Prenons l'exemple du gland et de la poignée de terre. Dans le gland se trouve le germe de la vie, c'est-à-dire le noyau qui peut aller chercher dans les éléments du sol, de l'air, de l'eau et de la lumière du soleil tous les éléments dont il a besoin pour faire pousser un chêne.

Prenez un grain de maïs ou de blé; plantez-le dans la terre et il créera un centre d'activité qui attirera dans son environnement un équilibre précis d'éléments chimiques pour reproduire son semblable, soit une tige de maïs ou de blé et tout cela selon la loi de la croissance et du rendement croissant.

De telles analogies nous aident à obtenir une image exacte de la puissance de l'esprit par l'autosuggestion. Vous pouvez voir comment il est possible de planter la graine d'un désir à l'aide de votre subconscient par la répétition consciente de ce désir... pour alimenter et nourrir cette semence en utilisant le stimulus d'une forte émotion... la faire germer à l'aide des rayons de soleil de la foi et ainsi attirer vers vous les plans pratiques qui permettent à la semence originale de votre désir de se développer en sa contrepartie physique, et ce, grâce à l'approvisionnement abondant d'énergie fourni par l'Intelligence Infinie.

La loi de l'attraction est basée sur le principe de la croissance provenant de la vitalité qui se trouve dans la graine en soit (qu'il s'agisse d'une idée ou d'un désir). Chaque graine peut potentiellement produire un plant parfait. Chaque désir sincère détient le pouvoir potentiel d'être réalisé parfaitement. Si une graine doit germer et produire des plants, alors il faut de la nourriture et du soleil pour que ces derniers mûrissent et soient récoltés.

Votre subconscient peut être comparé à un jardin fertile où vous pouvez planter la graine de votre but précis. Votre désir brûlant transmet l'énergie initiale au noyau de votre but précis et lui permet alors de se développer et de grandir. Maintenant, nous vous avons expliqué comment la graine peut être nourrie et cultivée à l'aide d'une action soutenue en suivant vos plans et en donnant continuellement des instructions à votre subconscient. Vous savez aussi comment attirer l'énergie vivifiante de l'Intelligence Infinie et focaliser sur l'objet de vos désirs. Tout le processus vient d'être établi sous vos yeux. C'est un processus qui se déroule tout autour de vous dans d'innombrables formes de vie. Ce n'est pas une question de théorie; il s'agit bel et bien d'un fait explicable. Vous n'avez qu'à l'adapter personnellement à votre but précis.

Source : *PMA Science of Success*, p. 106 et 107.

- 14 -

LE POUVOIR DE LA CONCENTRATION
selon Judith Williamson

« Lorsque notre esprit est libre de toute confusion, nous pouvons affirmer notre intention et passer à l'action résolument. C'est ce qu'on appelle la puissance de la Présence. »

– Dr Sam Boys

La puissance de la concentration nous place devant la porte de possibilités infinies qui nous sont accessibles seulement si nous prenons la décision d'en passer le seuil et de marcher résolument vers notre avenir. Aucune somme de visualisation et d'anticipation ne peut remplacer l'action requise qui détermine un résultat. Peu importe le nombre de fois que nous faisons de la visualisation, si nous ne passons pas à l'action, nous n'obtiendrons aucun résultat. Nous attirons ce à quoi nous pensons toute la journée, non pas par magie, mais en faisant des efforts, en nous disciplinant, en entretenant des pensées positives, en étant attentif et en travaillant systématiquement à notre projet. Il n'y a que le bon vieux travail qui puisse nous aider à réaliser ce que nous avons conçu par la visualisation pour faire en sorte que la pensée prenne forme. Vous pourriez y voir la continuité d'un point de départ qui commence avec le germe d'une idée (la pensée) et qui se termine par le produit fini en raison de l'action entreprise (le résultat).

J'ai vu une vision précise prendre le contrôle de la conscience d'une personne. Le résultat qui s'ensuivit fut le produit représentant sa pensée créatrice. Tout récemment, j'ai eu l'occasion de voir un rêve se réaliser. J'étais avec le révérend Sam Boys alors qu'il ouvrait une session sur le site Amazon.com et qu'il voyait s'afficher à l'écran, pour la première fois, le livre qu'il venait tout juste de publier. C'est un moment que je chérirai toujours et dont je me souviendrai toute ma vie. Il voyait s'afficher à l'écran ce qu'il avait désiré de tout cœur, son livre. Seulement quelques mois auparavant, Sam m'avait confié n'avoir jamais écrit un livre sur les méditations qu'il est possible de faire en s'accompagnant avec le didgeridoo. Alors, je l'avais encouragé à se mettre au travail. Non seulement le livre était-il écrit maintenant, mais il était disponible aux lecteurs du monde entier. Il avait donc pris le germe d'une idée, c'est-à-dire une pensée, et il avait décidé de la développer. Le résultat est absolument remarquable! Il a réalisé son rêve.

De même, l'artiste Michael Telapary et le pianiste de concert Antonio Castillo de la Gala ont exploité deux idées qui ont aussi été présentées lors de notre dernière activité. Michael a conçu une série d'images saisissantes correspondant aux dix-sept principes de la réussite et Antonio a produit un CD de piano qui se rattache également aux dix-sept principes de réussite. Enfin, Chino Martinez, mon assistant, a tourné une idée à son avantage en publiant un livre de photos présentant les expériences qu'il a vécues en créant des labyrinthes, et ce, partout dans le monde. Quelle profusion d'idées à partir de seulement quelques germes de pensée!

Qu'ont tous ces auteurs, artistes et musiciens en commun avec vous? Tout. Si seulement une personne peut y arriver, Dr Hill nous dit que nous pouvons tous y arriver. Sam, Mike, Antonio et Chino ont tous accepté le défi et ils ont produit des résultats extraordinaires tout comme vous pouvez le faire! Quel est donc votre rêve? Quelle aspiration aimeriez-vous satisfaire? Quelle est l'idée qui vous tient éveillé la nuit et que vous ne cessez de revivre en imagination? Cher ami, c'est là votre défi, votre avenir en devenir. C'est le germe de la pensée sur lequel Napoleon Hill vous encourage à agir rapidement parce qu'il s'agit d'un cadeau en provenance de l'Univers et votre nom y est inscrit. Allez-vous l'ouvrir et le montrer au monde entier? Votre rêve vous attend... et le monde vous attend également.

LE POUVOIR DE LA CONCENTRATION
selon Napoleon Hill

Lorsque nous nous concentrons sur notre mission, nous envoyons une image précise à notre conscient qui la garde à cet endroit jusqu'à ce que le subconscient s'en occupe et qu'il passe à l'action. C'est ce qu'on appelle l'attention contrôlée.

Une attention contrôlée est l'action de coordonner toutes nos facultés et de diriger toute leur puissance dans le but d'arriver à nos fins. C'est une action qui ne peut être accomplie que par l'autodiscipline la plus rigoureuse qui soit. Lorsque notre attention est dispersée, elle ne devient rien d'autre qu'une curiosité désoeuvrée. Le mot « contrôle » est la clé permettant d'utiliser toute la puissance de la pensée.

L'application des six règles d'autodiscipline suivantes est une façon de contrôler notre attention afin d'atteindre le but visé :

La définition claire et précise d'un but : être déterminé à atteindre un but précis : le point de départ de toute réalisation.

L'imagination : avoir recours à votre imagination afin d'éclairer et de refléter votre but dans votre esprit de façon si claire qu'il n'y a pas d'erreur quant à sa nature.

Le désir : caresser votre désir jusqu'à ce qu'il devienne si brûlant qu'il vous soit impossible de le refouler.

La foi : avoir une foi absolue envers l'accomplissement de votre but. Cette foi doit être si forte que vous pouvez déjà vous voir en possession de l'objet de votre but précis.

La volonté : faire preuve de volonté continue et inflexible afin de renforcer votre foi.

Le subconscient : votre subconscient reçoit l'image qui lui est envoyée par les autres facteurs déjà cités et il s'assure de l'amener à une conclusion logique par tous les moyens qu'il a à sa disposition, selon la nature de votre but.

Une concentration efficace ou une attention contrôlée requiert que votre attention soit totalement contrôlée et dirigée sur une finalité précise. L'attention contrôlée est la forme la plus élevée d'autodiscipline.

Ainsi, il est évident que tous les principes de cette philosophie qui ont déjà été énoncés font partie du principe de l'attention contrôlée. Si vous avez maîtrisé ces principes et avez suivi les instructions qui vous ont été données, vous êtes maintenant prêt à prendre le contrôle total de la puissance de votre esprit et le diriger vers la finalité de votre choix, étant raisonnablement assuré que vous n'échouerez pas.

Cette philosophie ne cherche pas à dicter aux gens la nature de leur but ou de leur objectif. Le Créateur a donné à chacun le privilège de diriger ses pensées et de réaliser ses désirs selon son bon vouloir. Ainsi, la raison et le bon sens nous incitent à suivre cet exemple.

Toutefois, il est possible d'affirmer que l'attention contrôlée nous place sur le chemin de notre réussite afin de trouver la clé qui nous permet d'accéder à la puissance de notre esprit. Il s'agit d'une méthode scientifique qui nous met en contact avec l'Intelligence Infinie pour qu'Elle nous aide à satisfaire tous nos besoins en tant qu'êtres humains. Nous croyons en ces vérités puisque nous avons vu les résultats qu'elles ont donnés dans différentes circonstances.

L'attention contrôlée est donc la résultante d'un esprit bien organisé!

Lorsque nous appliquons l'attention contrôlée sous forme de prière, elle nous permet d'être en contact direct avec la Source de tous les pouvoirs. Il s'agit d'une conclusion inéluctable que tous les puissants penseurs soutiennent avec grande conviction.

Source : *PMA Science of Success Educational Edition*, p. 332 et 333.

- 15 -

AVEZ-VOUS PLANTÉ DES MAUVAISES HERBES DANS VOTRE JARDIN?

selon Judith Williamson

« Les bonnes actions et les bonnes pensées ne peuvent jamais produire de mauvais résultats; les mauvaises actions et les mauvaises pensées ne peuvent jamais produire de bons résultats. Nous récoltons ce que nous semons. C'est une loi de la nature. »

– Christina Chia

Vous souvenez-vous de la comptine « Savez-vous planter des choux, à la mode, à la mode »? Lorsque nous étions enfants, nous étions bien loin d'imaginer que ce que nous plantions dans la terre allait pousser de la même manière que ce nous mettons dans notre subconscient. Pourquoi les gens n'établissent-ils pas un parallèle avec les germes d'une pensée et les graines de zinnia ou de pastèque qu'ils plantent dans leur jardin de fleurs et de légumes aussitôt le gel disparu? Du moment que la période des fêtes est passée, nous recevons des catalogues de semences par la poste et nous souhaitons faire pousser les plus grosses tomates ainsi que les plus belles roses qui soit. Alors, pourquoi ne pourrions-nous pas également rêver et visualiser tout ce que nous voulons voir germer dans le jardin de notre esprit? Ce n'est pas si difficile à la fin, il suffit de le visualiser, d'élaborer un plan et d'entreprendre ensuite les actions requises appropriées. Nous pouvons concrétiser toutes les idées qui germent dans notre esprit et dans le jardin secret de notre subconscient.

Lors de notre dernière activité annuelle, Christina Chia a lancé son nouveau livre intitulé *Mind Garden*. Son livre est un splendide recueil de photos en couleurs de jardins de fleurs qui représentent toute la beauté des plus nobles pensées d'une personne. Christina nous propose avec conviction l'idée que le germe d'une pensée qui éclôt et mûrit donne des résultats fructueux. Les rêves peuvent se réaliser, et ils se réalisent si nous apprenons de quelle façon les alimenter dans l'instant présent.

Pourquoi ne partageriez-vous pas cette idée avec un enfant? Si un enfant peut mémoriser et réciter des comptines dont il se souviendra toute sa vie, alors il peut facilement apprendre à programmer son subconscient pour l'aider à réussir, et ce, grâce à ces mêmes outils de mémorisation. Des affirmations, des formules pour développer la confiance en soi, des plans d'action et des commandements du genre « Agis maintenant! » aident ceux d'entre nous qui sont convaincus que ces techniques nous prédisposent à obtenir des résultats positifs.

Partagez ces secrets avec les jeunes gens qui sont prêts à cultiver le jardin de leur vie. Vous pouvez être le maître jardinier qui définit leur vision pour obtenir des résultats positifs, et cela, en utilisant la métaphore du jardinage. La vie peut être un jardin. La vie a commencé dans un jardin. Pourquoi ne pas montrer à un enfant comment utiliser les outils qu'il a reçus pour cultiver le jardin de sa vie exactement comme il le désire? Si vous semez des idées, vous devenez immortel. Bien sûr, physiquement vous ne vivrez pas toujours, mais vos idées resteront gravées dans les cœurs et les esprits de ceux qui vous ont suivi, et c'est ainsi que votre vie continuera. Peut-être est-ce le bon moment et le bon endroit pour faire ce qu'il faut pour ceux qui vous survivront? Au printemps, pourquoi ne feriez-vous pas un jardin? Encore mieux, pourquoi n'en feriez vous pas deux? Le premier pourrait être dans le lopin de terre de votre choix et le deuxième dans le sol fertile de l'esprit d'un adolescent. Les deux récoltes vont valoir l'attente.

AVEZ-VOUS PLANTÉ DES MAUVAISES HERBES DANS VOTRE JARDIN?

selon Napoleon Hill

Vous réussissez lorsque vous menez à terme la pensée qui domine votre esprit. Si vous récoltez la pauvreté, la maladie et la disharmonie, c'est parce que vous avez laissé des pensées négatives germer dans le sol de votre subconscient. Elles se sont multipliées et ont porté des fruits qui les représentent. La loi opère de façon naturelle et ordonnée, mais malheureusement vous n'aviez pas planté les bonnes graines.

Jetez un coup d'œil aux terrains vagues qui se trouvent dans votre quartier ou aux champs qui ne sont pas labourés. Chaque printemps, vous y retrouverez une récolte abondante de très belles mauvaises herbes arrivées à maturité complète. Les graines de ces mauvaises herbes ont été poussées par le vent jusque dans ces champs non labourés, et automatiquement, à l'aide du soleil et de l'humidité, elles ont pris racine et ont poussé. Personne n'a pris le temps de les déraciner et de cultiver de meilleures plantes. C'est exactement ce qui se produit avec les gens qui se laissent aller sans avoir de but et sans se décider à savoir ce qu'ils veulent dans la vie. Toutes sortes de pensées (comparables à de mauvaises herbes) tombent au sol de leur subconscient en raison de toutes les influences qu'ils subissent de leur environnement. Ces gens ne prennent jamais le temps de trier les bonnes des mauvaises herbes, les désirables des indésirables, d'éliminer tout ce qu'ils ne veulent pas et de les remplacer par un objectif précis auquel ils aspirent et qui est soutenu par un désir brûlant. Les mauvaises herbes s'installent et ne produisent jamais aucune récolte de valeur.

Votre esprit n'est jamais passif; il fonctionne constamment. Il n'en tient qu'à vous de le mettre au travail pour produire les résultats que vous désirez plutôt que de le laisser aller dans toutes les directions pour vous attirer des choses que vous ne désirez pas.

Cependant, une fois que vous avez trouvé ce que vous désirez faire, des épreuves vont quand même survenir pour tenter de vous empêcher de réussir. Ce ne sont là que des tests pour soupeser votre niveau de foi. Plus votre foi subit de tests, plus elle sera forte et durable. Lorsque les défaites temporaires se présentent, acceptez-les comme une source d'inspiration à faire encore plus d'efforts et à être encore plus déterminé. Continuez en croyant que vous allez effectivement réussir.

Source : *PMA Science of Success*, p. 108 et 109.

- 16 -

LA LOI COSMIQUE DE CRÉATION D'HABITUDES
La loi qui établit toutes les habitudes
selon Judith Williamson

« *Système de succès infaillible - je croyais qu'il s'agissait d'un livre sur la façon de vendre de l'assurance vie, alors je l'ai placé dans la bibliothèque à la maison, mais il ne fallait pas qu'il y reste. La fin de semaine suivante, le livre est tombé sur le plancher. Je l'ai ramassé et j'ai lu ce qui suit :**

Ce que l'esprit peut concevoir et croire,
il peut l'atteindre.
La pensée est la force la plus puissante de l'univers,
car vous devenez ce que vous pensez! »

– John Randolph Price

W. Clement Stone est né il y a plus d'un siècle le 4 mai 1902. Il était le fils de Louis Stone et Anna M. Gunn. À l'âge de trois ans, il se retrouva orphelin de père, et sa mère et lui allèrent habiter avec des membres de la famille. Malgré un début assez difficile, c'est un miracle que Stone grandit pour devenir un gentleman du genre de ceux qu'on retrouvait dans les histoires de réussite d'Horatio Alger qu'il lisait lorsqu'il était enfant, et où le personnage principal faisait son chemin de la pauvreté à la richesse. Ces

**Système de succès infaillible est disponible chez Performance Édition*

histoires ont d'ailleurs aidé monsieur Stone à développer le but principal de sa vie et qu'il énonçait comme suit : « La seule chose que je veuille faire dans la vie, c'est de tout simplement changer le monde ».

Croyant fermement qu'il pouvait réaliser ses rêves à l'aide de la pensée, Stone savait qu'une attitude mentale positive l'amènerait loin dans la vie même s'il n'avait pas trouvé de mot pour qualifier ce genre de processus. Il travaillait assidûment pour modifier sa situation en transformant ses pensées et sa façon de penser.

À l'âge de six ans, il vendait le journal *The Examiner* dans la partie sud de Chicago. C'est alors qu'il réalisa que s'il devait être concurrentiel dans ce marché agressif, il devait donc être tenace, autodiscipliné, courageux et dynamique pour s'implanter avant de pouvoir commencer à concurrencer dans un territoire déjà établi et dirigé par des garçons plus vieux que lui et qui n'étaient pas seulement concurrentiels, mais cruels.

La vie de monsieur Stone est une histoire qui mérite d'être racontée et connue. Au cours de ses cent ans de vie, il fut quelqu'un qui reconnaissait que la réussite dépendait de certaines caractéristiques permettant aux gens de réussir, et cela, peu importe les circonstances. Il développa une formule qu'il surnomma R2A2. Cette formule de réussite était une combinaison de toute l'information qu'il avait recueillie à partir de ses lectures et de ses réflexions sur la réussite, de son intuition aiguisée et de ses propres connaissances. Les lettres et les chiffres qui constituent la formule signifient : Reconnaissance, Rapport, Assimilation et Application. Cette formule engendre une commande d'affirmation positive, M. Stone a capitalisé sur l'enseignement de cette formule en travaillant chaque jour pour en apprendre autant qu'il le pouvait au sujet du milieu dans lequel il oeuvrait à ce moment-là. Son existence s'est transformée en une vie de partage de ses richesses au fur et à mesure qu'il mettait tout en œuvre pour devenir comme les personnages des livres qu'il avait lus dans son enfance, qui étaient ses héros et qu'il avait pris comme modèles.

Le premier exemple de réussite de M. Stone fut sa mère, un cadeau du ciel pour lequel il eut toujours une très grande gratitude. Il fut toujours très reconnaissant envers Dieu de lui avoir fait un cadeau aussi spécial. Sa mère était une femme typique de son époque et unique. Elle était travailleuse et quand même attentionnée, se concentrant pour mener une vie indépendante avec son seul enfant tout en sachant qu'il lui fallait travailler de longues heures pour y arriver parce qu'elle était soutien de famille. Dès son tout jeune âge, il fut élevé dans un quartier défavorisé dans la partie sud de Chicago. Il aurait pu facilement devenir un produit de cet environnement, car les mauvaises fréquentations et les habitudes malsaines pouvaient donner des modèles qui pouvaient conditionner une personne à vivre une vie d'échecs continus.

Lorsque la mère de Clement W. Stone s'aperçut qu'il était sur la mauvaise voie parce qu'il commençait à prendre des habitudes telles que fumer, faire l'école buissonnière et se tenir avec de mauvais amis qui ne lui apporteraient rien de bon au cours de sa jeune vie d'adulte, elle décida de l'inscrire dans un pensionnat communal situé à Nauvoo dans l'Illinois afin qu'il puisse baigner dans un meilleur environnement et qu'il soit exposé à une vie beaucoup plus saine et équilibrée.

À mesure qu'il fréquentait cette école et qu'il y vivait, il commença à connaître les traits de caractère des gagnants qu'il allait appliquer pour le restant de sa vie. À ce sujet, il nous dit : « À mesure que les semaines, les mois et les années passaient, je caressais l'ambition secrète de devenir comme mon pasteur que j'aimais, que j'admirais, et qui était devenu comme un père spirituel pour moi. » Les prières d'Anna Stone furent exaucées et ce fut à l'Institut Spaulding qu'il fut mis en contact avec les trois facteurs du *Système de Succès Infaillible,* sujet dont il traite dans le livre du même nom. C'est ainsi que sa vie commença à se transformer radicalement parce que W. Clement Stone reconnut que quelque chose s'était passé et que c'était bon. Plutôt que d'être aigri par le fait d'être envoyé au pensionnat, Clement W. Stone reconnut l'avantage évident de cette adversité temporaire dans le fait d'être séparé de sa mère et fut déterminé à tirer le meilleur parti de cette situation.

LA LOI COSMIQUE DE CRÉATION D'HABITUDES
La loi qui établit toutes les habitudes
selon Napoleon Hill

L'homme est la seule créature vivante détenant le pouvoir de choisir sa façon de penser et son comportement, ou de changer et réorganiser ses habitudes, selon sa propre volonté.

Mais bien que le Créateur ait donné à l'être humain le privilège du contrôle de ses pensées, Il l'a aussi soumis à la loi cosmique de création d'habitudes par laquelle ses habitudes de pensée doivent invariablement produire leur équivalence physique et une même ressemblance. La loi cosmique de création d'habitudes ne dicte pas à l'être humain les pensées qu'il doit entretenir, mais elle s'approprie de ce qu'il pense et fait pour s'assurer que ses pensées et ses actions soient de la même mesure ou équivalence que leur création.

Si les pensées d'une personne sont orientées principalement en termes de pauvreté, cette loi traduit ses pensées d'un point de vue matériel en misère et en manque. Mais si ses pensées dominantes sont empreintes de bonheur et de contentement, de tranquillité d'esprit et de richesse matérielle, la loi les transforme en leurs contreparties physiques. L'être humain conçoit un modèle à l'aide de ses pensées dominantes, tandis que la loi cosmique de création d'habitudes coule la pièce au moule selon le modèle qu'il a conçu.

Il est bien évident que cette loi naturelle extraordinaire ne produit pas quelque chose à partir de rien. La loi cosmique de création d'habitudes travaille en harmonie avec toutes les autres lois naturelles telles que celles du mouvement, de la gravité, de l'interaction des charges électriques, du magnétisme, de l'attraction universelle et des autres du même genre. Mais elle est la plus importante de toutes parce qu'elle est la véritable puissance à partir de laquelle fonctionnent toutes ces autres lois.

Chacune des autres lois naturelles est une manifestation différente du travail de l'Intelligence Infinie qui s'exprime en accord avec des habitudes acquises d'action et de réaction.

L'ordre et l'équilibre de la terre sont la preuve que toutes les lois naturelles relèvent du contrôle d'un plan universel.

Comment la loi cosmique de la création d'habitudes peut-elle convertir une émotion positive ou un désir créé dans l'esprit d'un homme en son équivalent physique? Elle intensifie ce désir ou cette émotion jusqu'à ce que s'installe cet état d'esprit qu'on appelle la foi. Lorsque l'esprit se trouve dans cet état, il devient réceptif à l'influx provenant de l'Intelligence Infinie, d'où proviennent les plans parfaits que la personne doit suivre pour atteindre ses objectifs. Ces plans sont toujours réalisés par des moyens naturels.

La loi cosmique de création d'habitudes ne transforme pas directement les désirs d'argent en espèces sonnantes, mais elle active l'imagination pour révéler à un individu une façon de faire cette conversion à l'aide d'une procédure appropriée. Cette force ne fait pas de miracles, elle ne fait aucune tentative pour créer quelque chose à partir de rien. Elle aide - ou plutôt elle force - le créateur d'un désir brûlant à concrétiser ses pensées afin de réaliser ses objectifs, et cela, à l'aide de tous les moyens possibles et disponibles à travers une forme tout à fait naturelle.

Source : *PMA Science of Success Course*, p. 492 et 493.

- 17 -

FAIRE SON INVENTAIRE PERSONNEL
selon Judith Williamson

« Souvenez-vous qu'en affaires, si vous n'êtes pas disposé à vous occuper de vos clients, il y aura toujours quelqu'un d'autre qui se fera un plaisir de le faire à votre place. »

– Tony Johnson

Comme Anna Stone avait du talent pour la couture, elle a travaillé assidûment dans une boutique pour dames connue sous le nom de *Dillon's* à Chicago et devint une habile couturière. Elle s'est formée pour être capable de concevoir, ajuster, coudre et vendre des vêtements à une clientèle exclusive. Étant donné qu'elle gagnait bien sa vie, elle fut en mesure de déménager dans son propre appartement dans un quartier plus favorisé. À peu près au même moment, Stone supplia sa mère de lui donner la permission de revenir vivre avec elle en permanence. Il était prêt, nostalgique et assuré que ce nouvel environnement ne leur poserait aucun des problèmes qu'ils avaient déjà rencontrés lorsqu'ils vivaient dans leur ancien voisinage. Elle accepta, et ils furent réunis à nouveau comme une famille après avoir été séparés pendant plus de deux ans.

Lorsque Stone se remémora ses années de pensionnat, il mentionna que c'était durant ce temps qu'il avait été inspiré à passer à l'action. Comme il avait vu la communauté religieuse qui prenait soin de lui constam - ment rechercher à s'améliorer et à aider les autres à s'améliorer, il a alors réalisé que cette quête de progrès personnel était un effort louable pouvant transformer sa vie de manière positive. Il en a donc déduit que ce principe voulant que l'inspiration mène à l'action était la pierre angulaire de sa philosophie puisqu'il croyait à la puissance des progrès personnels et c'est à ce moment-là qu'il se mit à utiliser lui-même la première partie de sa formule R2A2. Il reconnaissait et approuvait toute l'importance d'être inspiré pour passer à l'action puisque les progrès personnels étaient un but extrêmement louable. C'est avec une profonde conviction qu'il dit ces paroles suite à cette nouvelle prise de conscience : « Toutes les nouvelles pensées sont aussi bonnes que les anciennes. » L'Institut Spaulding avait donné à Stone le dynamisme et l'inspiration nécessaires pour commencer sa vie, et ensuite faire de cette vie, une obsession magnifique.

La deuxième partie de sa formule de réussite en trois volets retenait maintenant son attention. Stone réalisa qu'il devait acquérir le savoir-faire ou les connaissances qui l'aideraient à faire en sorte que cela se réalise. Se rappelant de ce qu'il avait réussi à faire en vendant des journaux alors qu'il n'avait que six ans, il lui est revenu à la mémoire ce qui s'était passé ce jour fatidique au *Hoelle's Restaurant*. Cet incident avait été le point de départ de toute sa carrière, le positionnant à réussir tout au long de sa vie. Il nous raconte l'incident en ses propres mots :

« J'avais six ans et j'avais peur, car il n'était pas facile de vendre des journaux dans la partie sud de la ville de Chicago. C'était difficile, surtout que les plus vieux s'appropriaient les coins les plus achalandés, criant plus fort, et me menaçant les poings serrés. Le souvenir de ces jours sombres vit encore en moi, car je me souviens que c'est la toute première fois que j'ai transformé un désavantage en avantage. En fait, il s'agit d'une histoire toute simple, et sans importance maintenant, mais c'était tout de même un début.

Hoelle's Restaurant était près du coin de rue où j'essayais de travailler, et j'eus une idée. C'était un endroit occupé et prospère qui pouvait faire peur à un enfant de six ans. J'étais nerveux, mais j'entrai rapidement et je fis une vente chanceuse à la première table. Puis, des gens à la deuxième et à la troisième table m'achetèrent des journaux. Toutefois, lorsque je me dirigeai vers la quatrième, Monsieur Hoelle me chassa de son restaurant.

J'avais tout de même vendu trois journaux. Alors, pendant que Monsieur Hoelle avait le dos tourné, j'entrai à nouveau dans le restaurant et me rendit à la quatrième table. Évidemment, le client au sourire jovial apprécia ma débrouillardise, alors il paya pour le journal et me donna en plus un pourboire avant que Monsieur Hoelle ne me chasse encore. Mais j'avais déjà vendu quatre journaux et reçu un pourboire stimulant pour un enfant de mon âge.

Je suis entré à nouveau dans le restaurant et je recommençai à vendre des journaux. Les clients riaient aux éclats. Ils s'amusaient bien. L'un d'eux a même chuchoté : 'Laissez-le tranquille', lorsque Monsieur Hoelle s'approcha de moi. Environ cinq minutes plus tard, j'avais vendu tous mes journaux. »

Le savoir-faire et les connaissances qu'on acquiert en passant à l'action font partie de la deuxième partie de la formule de réussite de Monsieur Stone. Le savoir-faire est acquis en procédant par essais et erreurs, puis en réfléchissant à ce qui a fonctionné et à ce qui n'a pas fonctionné. À mesure que son fils acquérait des connaissances pour amasser son fonds de roulement en vue de ses futurs investissements en lui-même, Anna Stone élargissait également son horizon. Forte de ses deux années d'expérience en tant que couturière exceptionnelle au service de *Dillon's*, Anna décida d'ouvrir son propre commerce de confection de robes. Pour ce faire, elle embaucha deux personnes à temps plein pour l'aider. Elle travailla avec acharnement et inlassablement pour assumer ses nouvelles fonctions, mais des problèmes continuaient à s'intensifier autant sur le plan financier, familial et dans ses affaires.

Stone ressentit la frustration et l'inquiétude de sa mère. Il décida alors de faire quelque chose de gentil pour elle. Il retira une large somme d'argent de son compte d'épargne, somme qu'il avait amassée à l'aide des profits de sa vente de journaux. Il dépensa une grande partie de ses économies pour acheter une douzaine des plus belles roses à longues tiges qu'il put trouver et les lui donna en reconnaissance de tout ce qu'elle avait fait pour lui. Elle ressentit une grande joie face à ce cadeau spécial offert par son fils pour aucune raison particulière et elle raconta cette histoire plusieurs fois tout au long de sa vie. C'était l'un de ces moments précieux que l'argent ne pouvait acheter, ni remplacer. Stone ne put s'empêcher de souligner : « Cette expérience m'a fait réaliser que l'argent était une bonne chose à avoir à sa disposition, surtout pour toutes les bonnes choses qu'il pouvait nous permettre de faire. »

FAIRE SON INVENTAIRE PERSONNEL
selon Napoleon Hill

Nous sommes maintenant rendus à cette partie de la philosophie qui requiert de faire un inventaire personnel rigoureux pour savoir si vous utilisez votre temps sagement et à votre avantage et combien vous en perdez. Pour procéder à cet inventaire, vous devez répondre (vous-même) aux questions suivantes :

a. Quel est votre but précis dans la vie, et si oui, combien de temps consacrez-vous à le réaliser?

b. Quels sont vos plans pour réaliser votre but? Est-ce que vous y travaillez avec ténacité, en fournissant des efforts assidus, ou y travaillez-vous par intervalles lorsque vous en avez envie?

c. Votre but précis est-il devenu une obsession ou est-ce plutôt uniquement un voeu ou un faible espoir?

d. Que planifiez-vous donner en retour lorsque vous aurez réalisé votre but précis?

e. Qu'avez-vous entrepris pour vous associer avec des gens selon le principe du « cerveau collectif » afin d'atteindre votre but?

f. Prenez-vous maintenant l'habitude d'accepter des défaites temporaires comme un défi à fournir plus d'efforts?

g. Lequel des deux est le plus fort chez vous : votre foi en la réalisation de votre but précis ou votre peur de ne pas le réaliser?

h. À quoi utilisez-vous le plus de temps : à mettre en place le plan que vous avez adopté afin de réaliser votre but ou à broyer du noir en pensant aux obstacles que vous aurez peut-être à surmonter pour le réaliser?

i. Êtes-vous disposé à remettre à plus tard certains plaisirs personnels afin d'avoir plus de temps à consacrer à la réalisation de votre but précis et le faites-vous?

j. Reconnaissez-vous la vérité qui dit que vous n'avez aucune certitude de vivre une seconde de plus à ce moment précis de votre vie; que votre vie est mesurée une seconde à la fois; qu'une fois la seconde passée, elle ne peut plus être récupérée et que l'usage que vous en faites ne peut plus être changé ou modifié?

k. Pouvez-vous admettre que les circonstances actuelles de votre vie dépendent de la façon selon laquelle vous avez utilisé votre temps dans le passé, et qu'en ce moment même, en l'utilisant adéquatement, vous pourriez changer complètement le cours de votre vie?

l. Êtes-vous conscient que votre attitude mentale qu'elle soit positive ou négative, puisse être transformée selon votre volonté en une seconde?

m. Connaissez-vous d'autres façons de concrétiser votre réussite personnelle qu'en utilisant bien votre temps, en ayant des pensées positives et en entreprenant des actions qui soutiennent ces pensées et qui font partie d'un plan bien conçu?

n. Croyez-vous que vous réussirez par hasard ou par un heureux coup du sort qui n'est pas en lien avec vos pensées et vos actions?

o. Connaissez-vous une personne qui pourrait vous inspirer à développer votre initiative personnelle vous permettant ainsi d'obtenir le résultat de votre but précis, à moins que vous ne preniez d'abord vous-même les choses en main et ne vous inspiriez à tout faire pour y arriver?

p. Lorsque vous encaissez une défaite, est-ce que vous en analyser la cause pour savoir ce qui s'est produit ou si vous cherchez un alibi acceptable pour l'expliquer?

q. Croyez-vous qu'il existe une loi naturelle opérant de façon telle que chaque personne soit forcée de bénéficier ou souffrir des répercussions de ses propres pensées et actions?

r. Enfin, acceptez-vous une partie seulement de cette philosophie et en rejetez-vous certaines parties? Ou appliquez-vous complètement la philosophie selon les instructions qui vous ont été données, et ce, en ce qui a trait à toutes vos pensées et toutes vos actions?

Voilà les questions auxquelles vous devez répondre pour vous prendre en charge et utiliser votre temps adéquatement. Ce sont des questions directes, et certaines d'entre elles sont très personnelles, tandis que d'autres sont posées sans ménagement. Par contre, ce sont les questions que toute personne ayant réussi doit se poser à un certain moment au cours de sa vie.

Source : *PMA Science of Success*, p. 479, 480 et 481.

- 18 -

DÉVELOPPER L'HABITUDE D'ÊTRE ENTHOUSIASTE
selon Judith Williamson

« Nos plus grandes difficultés nous font ressentir nos plus grandes douleurs et nous ouvrent à nos plus grandes possibilités de façon simultanée afin que nous grandissions comme êtres humains, ou comme le dit différemment le docteur Hill : « Chaque épreuve offre un avantage équivalent. »

– Eliezer A. Alperstein

De nouveau, Stone voulait souligner de façon spéciale l'anniversaire de sa mère le 6 janvier, mais l'argent lui manquait en raison des dépenses occasionnées par la fête de Noël. Il avait moins d'un dollar dans son compte en banque. Un jour qu'il déambulait dans les rues de Chicago, il s'est mis à prier pour être éclairé concernant ce cadeau. Alors qu'il revenait de l'école à l'heure du dîner, il entendit de la glace craquer sous ses pieds. Il continua son chemin vers la maison, mais une voix à l'intérieur de lui l'interpella et lui dit de retourner d'où il venait. Il écouta sa petite voix intérieure, il rebroussa chemin, et lorsqu'il regarda par terre, il remarqua un morceau de papier vert tout chiffonné. Il le ramassa et fut surpris de trouver un billet de dix dollars. Tout enthousiasmé, il se dépêcha de rentrer à la maison pour écrire une carte de fête, et plutôt que d'acheter un cadeau à sa mère, il plaça la carte et l'argent sous son assiette pour qu'elle puisse trouver le présent lorsqu'elle débarrasserait la table. Elle était ravie du cadeau que lui avait offert son fils unique, mais elle était encore plus ravie de la pensée qui l'accompagnait. Ainsi, les deux premiers cadeaux que W. Clement Stone donna à sa mère finirent par créer chez lui l'habitude de la gratitude et en firent l'un des plus éminents philanthropes de l'histoire.

Voici comment il résuma la leçon qu'il avait apprise :

> *« Lorsqu'un adulte prend une décision, il y a de fortes chances pour qu'elle soit bonne ou mauvaise selon ses expériences passées en matière de prise de décision. Les petites choses qui sont bonnes mûrissent pour devenir de plus grandes. C'est également le cas pour les mauvaises. Cela s'applique également aux décisions.*
>
> *Mais, les bonnes décisions doivent être accompagnées d'actions. Sans action, une bonne décision perd tout son sens, car le désir peut lui-même s'éteindre s'il n'y a aucune tentative de concrétisation. Voilà pourquoi vous devriez toujours agir immédiatement lorsque vous venez de prendre une bonne décision. »*

Voilà qui complète la troisième partie de la formule de réussite en trois étapes de W. Clement Stone.

Rappelons que ces étapes sont :
1) l'inspiration nécessaire pour passer à l'action,
2) le savoir-faire, et
3) les connaissances.

Ces étapes travaillent en tandem afin que vous obteniez ce que vous désirez dans la vie et elles sont en lien avec la formule R2A2 visant la *Reconnaissance*, le *Rapport*, l'*Assimilation* et l'*Application*. Stone a appris ce qui fonctionnait en procédant essentiellement par essais et erreurs. Dans son livre « *Système de Succès Infaillible** », il décrit ces mêmes étapes pour que vous puissiez les suivre.

Les tout premiers débuts de Stone l'ont préparé à une vie dédiée au travail et à la réussite. Après l'école primaire, Stone fréquenta le *Senn High School*. Il demeura avec une famille anglaise parce que sa mère dut déménager à Détroit afin de rentabiliser un investissement effectué dans une petite agence d'assurances qui représentait l'*United States Casualty Company*. Madame Stone avait investi tout ce qu'elle possédait dans cette agence, y compris deux diamants mis en gage. Cependant, sa première journée à la tête de sa propre entreprise ne lui avait rapporté aucune vente. Stone se souvenait de ce que sa mère lui avait dit:

> « J'étais désespérée, car j'avais investi tout mon argent et mon investissement devait progresser. J'avais fait de mon mieux, mais sans réaliser aucune vente. Cette nuit-là, je priai pour être éclairée. Et le matin suivant, je priai aussi pour être éclairée. Lorsque je quittai la maison, je me rendis à la plus grosse banque de la ville de Détroit. Je vendis une police d'assurance au caissier et j'obtins l'autorisation de vendre dans la banque pendant les heures d'ouverture. C'était comme si j'avais à l'intérieur de moi une force motrice tellement sincère qu'elle avait fait disparaître tous les obstacles. Ce jour-là, je fis 44 ventes. »

**Système de succès infaillible est disponible chez Performance Édition*

Voyant que sa mère était déterminée à réussir peu importe les circonstances, Stone commença à suivre ses traces. Alors, pendant les fêtes et les vacances d'été, Stone restait à Détroit avec sa mère. C'est là qu'il apprit à vendre de l'assurance accident et qu'il commença à créer son système de réussite qui allait toujours lui servir tout au long de sa vie. À mesure qu'il peaufinait son système visant à approcher et établir une relation avec le client, son expertise et ses ventes augmentèrent de manière exponentielle. Bientôt, il dut quitter l'école parce qu'il aurait trop perdu de revenu potentiel. En raison de sa réussite, il dut abandonner ses études pour faire carrière dans les assurances avec sa mère.

Il eut beau essayer, même lorsqu'il retourna aux études et qu'il prit des cours du soir, après avoir obtenu son diplôme d'études secondaires, il n'arrivait toujours pas à tenir le rythme d'avoir à étudier et vendre de l'assurance en même temps. Il devait laisser tomber l'un des deux et, parce qu'il désirait ardemment réussir dans les assurances, les ventes accaparaient tout son temps, mais le cœur n'y était pas totalement. W. Clement Stone acquit de la sagesse en lisant continuellement et en faisant lui-même son apprentissage. Il aimait apprendre et il s'intéressa à une foule de sujets une fois sorti de l'école pour parfaire son éducation. Sa bibliothèque prouvait son amour de la lecture. Non seulement possédait-il une bibliothèque bien remplie, mais il faisait des fiches de références. Il les lisait et annotait les passages qui avaient de l'importance à ses yeux.

Bien qu'il ne fût jamais l'avocat qu'il avait déjà rêvé de devenir, il s'engagea envers d'autres personnes pour qu'elles réalisent leurs rêves d'obtenir un diplôme d'études supérieures. Stone ne s'est jamais tenu sur le quai à regarder le train passer. Il embarquait dans le train et passait à l'action, et si ce n'était pas pour lui, c'était pour d'autres.

Sur le plan personnel, Stone se remémorait sa mère avec énormément d'amour. Dans son essai marquant qui parut souvent dans le magazine *Success Unlimited*, il se souvenait que son épouse avait placé une carte de Noël de la mère de Stone sur la table un matin de Noël. L'étonnement l'envahit lorsqu'il vit son nom écrit de la main de sa mère sur l'enveloppe. Comment était-ce possible puisque sa mère était décédée depuis plusieurs années? Stone explique comment, même après le départ de sa mère, il reçut miraculeusement des voeux de Noël spéciaux de sa part :

> « En déballant nos décorations de Noël, mon épouse mit la main sur plusieurs des jolies cartes de Noël que nous avions reçues dans le passé, dont une que ma mère m'avait déjà offerte. Le fait que ma femme ait pensé à placer la carte près de mon assiette au moment du déjeuner m'a rendu très heureux. Peut-être que vous pourriez vous aussi faire plaisir à quelqu'un. »
>
> – W. Clement Stone

Ce geste spécial nous rappelle le moment où Stone avait placé le billet de dix dollars dans une enveloppe sous l'assiette de sa mère en guise de cadeau d'anniversaire. La bonté a une façon de se multiplier. Et ce petit miracle de la carte de Noël de sa mère conservée parmi les précieux souvenirs avait pourtant débuté avec le cadeau qu'il avait lui-même offert à sa mère des années auparavant. Comme le dicton le dit si bien : « Tout ce que l'on donne revient multiplié. »

DÉVELOPPER L'HABITUDE D'ÊTRE ENTHOUSIASTE
selon Napoleon Hill

Vous pouvez prendre l'habitude d'*être* enthousiaste en accomplissant les étapes suivantes :

- Donnez-vous un but précis.
- Formulez une description claire de votre but précis et du plan qui vous aidera à le réaliser. Ajoutez un énoncé de ce que vous prévoyez donner en retour suite à sa réalisation.
- Trouvez une motivation à réaliser votre but et faites en sorte qu'elle devienne une obsession. Attisez-la, ravivez-la et assurez-vous qu'elle occupe votre esprit en tout temps.
- Mettez-vous au travail immédiatement afin de développer votre plan, et cela, à l'instant même.
- Suivez votre plan avec précision et ténacité, débordant de tout l'enthousiasme que vous pouvez générer.
- Si vous subissez une défaite temporaire, perfectionnez votre plan et modifiez-le s'il le faut, mais ne changez pas votre but seulement parce que vous avez fait temporairement un pas en arrière.
- Si la nature de votre but précis l'exige, regroupez-vous avec d'autres personnes qui peuvent vous apporter leur aide en suivant les instructions qui vous ont été données dans la leçon sur le « cerveau collectif ».
- Tenez-vous loin des éteignoirs et des pessimistes, et entourez-vous plutôt de personnes optimistes. Parlez de vos plans aux personnes qui sont d'accord avec vous, comme par exemple, les membres de votre « cerveau collectif ».

- Ne laissez pas un jour passer sans que vous n'ayez pris un peu de temps pour développer votre plan. N'oubliez pas que vous êtes en train de créer l'habitude d'être enthousiaste et que pour créer une habitude, il faut poser différentes actions répétitives.
- L'autosuggestion est un outil puissant qui peut vous aider à créer l'habitude d'être enthousiaste tout comme c'est le cas pour n'importe quelle autre habitude. Ainsi, vous restez concentré sur la croyance que vous obtiendrez ce que vous désirez même si c'est quelque chose qui semble hors d'atteinte. Votre attitude déterminera le genre d'actions que votre subconscient devra entreprendre relativement à la réalisation de votre but.
- Entretenez un esprit positif en tout temps. L'enthousiasme ne fait pas bon ménage avec la peur, l'envie, l'avidité, la jalousie, le doute, la vengeance, la haine, l'intolérance et la procrastination. L'enthousiasme règne seulement lorsque nos pensées et nos actions sont positives.

Votre travail ne sera jamais plus grand que ce qu'en fait votre imagination.

Rappelez-vous que vous vivez dans deux mondes, le monde du mental qui est grandement influencé par votre entourage et votre environnement, et le monde physique dans lequel vous devez lutter pour survivre. Il vous est peut-être impossible de contrôler le monde physique qui vous entoure et dans lequel vous gagnez votre vie, mais jusque dans une certaine mesure, vous pouvez déterminer les circonstances de votre monde physique immédiat. Votre relation avec votre mental peut vous aider à y arriver, puisque c'est votre mental qui vous attire les aspects du monde physique qui s'harmonisent à votre mental. Le pessimisme vous attirera seulement le malheur et la pauvreté; tandis que l'enthousiasme vous attirera le bonheur et la richesse.

Source : *PMA Science of Success Course*, p. 248, 249 et 250.

- 19 -

PRENDRE TOUS LES MOYENS POUR FAIRE PARTIE DES 2 % DES GENS QUI RÉUSSISSENT

selon Judith Williamson

« Chaque année, le centre d'apprentissage mondial *Napoleon Hill World Learning Center* organise une journée « Portes ouvertes » pour familiariser les étudiants et les résidents des quartiers environnants avec la philosophie préconisée par Napoleon Hill. Une mission précise, une vision créatrice et l'enthousiasme font partie de ses dix-sept principes. »

– Sue Ellen Reed

Le travail acharné et le dévouement de Monsieur Stone évoluèrent de telle façon qu'il devint président de la *Combined Insurance Company of America*. Il a également été président du *Chicago Boys' Clubs*, rédacteur en chef et éditeur de la revue *Success Unlimited* et président de la fondation de Napoleon Hill. Il a collaboré avec Napoleon Hill à l'écriture du livre *Le succès par la pensée constructive.* Il est coauteur avec Norma Lee Browning du livre *Les pouvoirs de l'esprit*. Il est l'auteur du livre de croissance personnelle devenu un classique de tous les temps et intitulé *The Success System that Never Fails* (à paraître en 2012 chez Performance Édition sous le titre *Système de Succès Infaillible*).

Les gens se souviennent de W. Clement Stone pour ses célèbres affirmations d'automotivation telles que « **Ce que l'esprit peut concevoir et croire, il peut l'accomplir grâce à l'attitude mentale positive!** » À l'aide de deux petits mots, le slogan classique : « **Agis maintenant!** » peut redonner de l'énergie à une personne. Finalement, il nous encourage à commencer la journée du bon pied en disant et en répétant avec enthousiasme : « **Je respire la santé! Je rayonne de bonheur! Je me sens très bien!** » Pour quelle raison devrions-nous utiliser de telles affirmations d'automotivation? Il l'explique ainsi : « Entretenir de bonnes pensées, des pensées positives et joyeuses est une façon de mieux nous sentir. Ce qui influence votre esprit influence également votre corps. »

Monsieur Stone résume sa pensée ainsi :

> *« On reconnaît la valeur d'un livre de croissance personnelle, non pas à ce que l'auteur a écrit dans son livre, mais plutôt à ce que le lecteur retire du livre et ce qu'il intègre dans sa vie. »*

Et aussi de cette façon :

> *« Vous êtes le produit de votre hérédité, de votre environnement, de votre corps physique, de votre conscient et de votre subconscient, de vos expériences, du poste que vous occupez, de votre direction dans le temps et dans l'espace… et de quelque chose de plus, c'est-à-dire de pouvoirs connus et inconnus. Vous avez le pouvoir d'influencer, d'utiliser, de contrôler ou de vous harmoniser avec tous ceux-ci. Vous pouvez diriger vos pensées, maîtriser vos émotions et commander votre destin. »*

Jusqu'à ce qu'il meurt à l'âge de 100 ans, Monsieur Stone fut le président de la fondation de Napoleon Hill et il travailla assidûment afin de diffuser les principes de réussite énumérés ci-dessous. On continue à honorer sa mémoire autant à la *Purdue University Calumet* à Hammond, Indiana, qu'à la *University of Virginia's College* à Wise en Virginie. Autant Don Green que moi-même, Judith Williamson, nous sommes donné la mission d'éduquer les gens en ce qui a trait à ces principes à l'aide de livres, de séminaires, d'ateliers, de retraites et de conférences visant à instruire les personnes et les entreprises intéressées par les enseignements du docteur Napoleon Hill et de W. Clement Stone.

Les principes de réussite selon W. Clement Stone

1. Une attitude mentale positive.
2. La fixation d'un but précis.
3. Un kilomètre de plus.
4. Un mode de pensée bien dirigé.
5. L'autodiscipline.
6. Une alliance avec un « cerveau collectif ».
7. La foi absolue.
8. Une personnalité plaisante.
9. L'initiative personnelle.
10. L'enthousiasme.
11. Une attention concentrée.
12. Le travail d'équipe.
13. L'apprentissage de ses épreuves et défaites.
14. Une vision créative.
15. Un budget de temps et d'argent.
16. Le maintien d'une bonne santé physique et mentale.
17. L'utilisation de la loi cosmique de création d'habitudes (loi universelle).

PRENDRE TOUS LES MOYENS POUR FAIRE PARTIE DES 2 % DES GENS QUI RÉUSSISSENT *selon Napoleon Hill*

Voici quelques suggestions d'importance capitale pour les personnes qui désirent sincèrement adopter cette philosophie du succès et la pratiquer pour réaliser les projets qui leur tiennent le plus à coeur dans la vie :

Adaptez-vous à l'état d'esprit des gens et à leurs traits distinctifs afin de bien vous entendre avec eux. Observez un chien et apprenez l'art de la maîtrise de soi en le regardant s'adapter rapidement à l'humeur de son maître.

Ne laissez pas des incidents sans importance se transformer en circonstances déplorables dans vos relations avec les gens. Les personnes sages évitent toujours les petits incidents et les ignorent totalement.

Mettez au point votre propre technique pour vous conditionner au début de la journée en vous basant sur les instructions qui vous ont été présentées précédemment afin de pouvoir conserver une attitude mentale positive tout au long de la journée.

Apprenez l'art de vous vendre aux autres de manière indirecte plutôt que d'adopter une approche directe.

Prenez l'habitude d'éclater d'un rire contagieux comme moyen de désamorcer la colère et observez son efficacité à changer votre état d'esprit de négatif à positif. Les vendeurs chevronnés cultivent cette habitude quotidiennement comme moyen de se conditionner afin qu'ils puissent maintenir une attitude mentale positive. Cette habitude est primordiale pour les gens qui font carrière dans la vente.

Analysez vos épreuves, vos échecs et vos défaites et déterminez-en la cause. Ensuite, observez la rapidité à laquelle vous trouverez le germe d'un avantage équivalent à la suite de telles expériences vécues.

Focalisez sur la partie des tâches que vous pouvez entreprendre et ne vous inquiétez pas de ce que vous ne pouvez pas faire jusqu'à ce vous ayez à y faire face. D'ici là, les tâches que vous aurez pu entreprendre vous auront sûrement déjà rapproché de la réalisation de votre objectif.

Apprenez à transformer toutes les circonstances difficiles en actions qui exigent d'avoir une attitude mentale positive. Prenez-en l'habitude et cultivez-la à la suite de chaque expérience désagréable.

Soyez conscient que chaque circonstance qui influence votre vie est jusqu'à un certain point une occasion qui vous permet d'exploiter votre plein potentiel et transformez-la en une forme d'avantage que la circonstance soit agréable ou non.

Admettez que personne ne peut toujours gagner, et cela, peu importe à quel point les gens le méritent. Apprenez à faire preuve de tolérance à votre égard pour les fois où vous ne gagnerez pas en transformant la perte en une forme de gain réalisé à la suite de ces expériences.

Apprenez à voir la vie comme un processus continuel qui vous permet d'apprendre de vos expériences qu'elles soient bonnes ou mauvaises.

Rappelez-vous que chaque pensée vous revient multipliée de manière exponentielle, pour le meilleur ou pour le pire. Surveillez vos pensées et assurez-vous d'entretenir uniquement celles dont vous voulez tirer profit.

Soyez conscient des personnes avec qui vous vous associez, car l'attitude mentale négative des autres personnes est excessivement contagieuse et elle déteint sur les autres lentement mais sûrement.

Souvenez-vous que vous possédez une double personnalité : l'une est positive et dispose d'une grande capacité à croire; l'autre est négative et elle dispose d'une capacité aussi grande à douter. Placez-vous du côté de la personnalité qui croit et l'autre personnalité disparaîtra en raison du manque d'intérêt que vous lui accordez.

- Gardez en mémoire que la prière apporte des résultats avantageux lorsque la personne qui prie affiche suffisamment de foi pour se voir déjà en possession de l'objet de ses prières. Cela exige une attitude mentale positive.

Source : *PMA Science of Success*, p. 233, 234 et 235.

- 20 -

LE DÉVELOPPEMENT VOLONTAIRE D'UNE HABITUDE

selon Judith Williamson

« Les gens qui ont peur de l'échec ne se hissent pas vers la véritable réussite. Peu importe notre façon de définir la réussite, elle se concrétise uniquement lorsque nous visons un but précis, exécutons des plans définis, sommes prêts à prendre des risques, développons l'habileté d'apprendre de nos erreurs et démontrons une foi absolue, car le pouvoir de réalisation d'un but est fondé sur le fait de savoir que nous le méritons et que nous sommes capables de l'atteindre. »

– Gail Brooks

Chino Martinez et moi avons été invités à donner une formation au congrès international de *l'American Society for Quality* à Minneapolis, au Minnesota. Si vous connaissez déjà cette organisation, vous savez alors qu'elle jouit d'une réputation brillante et d'un statut international. Étant donné que plusieurs des présentations se concentrent sur la qualité en matière de gestion et la précision des mesures, il est difficile de proposer une présentation pouvant satisfaire les membres. Cependant, notre proposition fut acceptée et notre formation portant sur la façon de « transformer la qualité à partir de l'intérieur grâce aux classiques en littérature » (*Transforming Quality from Within with the Classics*) a été présentée le 19 mai 2009. Notre allocution portait sur l'analyse du classique *Le Magicien d'Oz* et nous avons fait des rapprochements entre les caractéristiques des personnages, le Lion, le Bûcheron-en-fer-blanc, l'Épouvantail, Dorothée et les principes énoncés dans la philosophie du succès du Dr Hill.

Comme plusieurs de nos lecteurs connaissent bien ce conte pour enfants, j'ai pensé qu'il serait intéressant et profitable de présenter ici un résumé de notre allocution.

Transformer la qualité à partir de l'intérieur de soi, et ce, inspiré par un conte pour enfants, un classique

Les enfants utilisent souvent les contes de fées pour franchir les stades de développement leur causant des difficultés au cours de leurs jeunes vies, et cela, sur tous les plans : émotionnel, mental, social, spirituel et physique. Il est plus facile de poser une question ou d'exprimer une inquiétude au sujet d'un Lion, d'un Épouvantail, d'un Bûcheron-en-fer-blanc ou d'une Dorothée que d'admettre qu'il s'agit d'un problème personnel. Les employés et la direction préfèrent souvent soulever les différends d'ordre professionnel en utilisant des allégories plutôt que des scénarios tirés de la vraie vie. Pour la plupart des gens, il est préférable de parler de certaines choses dans un contexte abstrait que concret. Le classique, *Le Magicien d'Oz* traite des peurs et des questions importantes que les enfants doivent dépasser pour avancer. Il prépare aussi la voie pour aborder les traits de caractère dont les gens ont besoin pour réussir une fois adulte s'ils désirent grandir et développer leur propre force et potentiel. La naïveté, la lâcheté, la stupidité et l'insensibilité sont toutes des caractéristiques pouvant nous affliger à certains moments dans notre vie, voilà pourquoi nous pouvons facilement nous identifier aux personnages du conte de L. Frank Baum.

Autant dans la vie que dans la littérature, la croissance personnelle et le changement sont nécessaires pour qu'une personne puisse grandir. Connaître des revers personnels représente cinquante pour cent de la solution, mais la partie essentielle qui permet à une personne d'effectuer une transition est tout aussi importante. Il n'est pas suffisant de posséder des connaissances, de montrer du courage et d'être attentionné. Toutefois, conjugués, ces éléments constituent les traits d'un véritable leader du XXIe siècle. On entend souvent dire que « les gens ne sont pas intéressés par notre bagage de connaissances jusqu'à ce qu'ils sachent à quel point nous sommes intéressés à eux ». Jusqu'à ce qu'une personne subisse une transformation comme celle du Lion poltron, de l'Épouvantail et du Bûcheron-en-fer-blanc, il y a peu de chances pour qu'une formation de leadership transforme de façon magique un suiveur en leader charismatique prêt à relever les défis de son époque. Seul un changement de cœur, d'esprit et d'âme peut y arriver.

En envisageant le processus qu'une personne doit suivre pour se transformer en leader, Napoleon Hill a remis en question les qualités d'un bon leader. Au fil de ses vingt années de recherche, le docteur Hill en est venu à la conclusion qu'il y avait dix-sept principes ou traits de caractère sur lesquels un leader devait s'appuyer. À mesure que Dorothée chemine en vue de trouver son « arc-en-ciel », elle découvre que la route vers la réussite est universelle dans son application. Considérons donc les principes qu'elle trouve utiles tout au long de sa route.

Faites de la réussite une habitude. Horace Mann a déjà dit : « L'habitude est semblable à un câble. Nous en tissons les fils chaque jour et, finalement, nous ne pouvons plus le détruire. » La nature maintient l'univers entier à l'aide d'un système d'habitudes routinières qui ne changent jamais. Dans le cas des gens, ce sont les pensées qui créent les habitudes. Chacun de nous est le résultat global des pensées que nous avons entretenues jusqu'à aujourd'hui. Comme Dr Hill l'indique : « Vous êtes rendu à ce stade-ci, et vous êtes ce que vous êtes, en raison de vos habitudes établies en ce qui a trait à vos actions et vos pensées. » Si vous désirez devenir une personne différente de celle que vous êtes maintenant, cultivez des habitudes de réussite qui vous amèneront de l'endroit où vous vous trouvez présentement à celui que vous désirez vraiment atteindre. Tout comme Dorothée l'a découvert, la clé qui l'aiderait à retourner à la maison (ce qu'elle désirait d'ailleurs de tout son cœur) avait toujours été à l'intérieur d'elle-même. Il lui restait donc à trouver comment libérer son potentiel.

Essayez d'imaginer quels principes de réussite seront utiles à Dorothée et à son équipe à mesure qu'ils chemineront le long de la route en pavés jaunes en vue d'aller rencontrer le Magicien.

LE DÉVELOPPEMENT VOLONTAIRE D'UNE HABITUDE *selon Napoleon Hill*

Il n'y a que trois principes sous-jacents à la création volontaire d'une habitude. Comme ils sont très importants, il ne faut pas les oublier :

La flexibilité.
La fréquence de la répétition.
L'intensité de la répétition.

1. **La flexibilité** est tout simplement la propriété ou la capacité de changer ou d'être changé. Cela signifie donc qu'une fois qu'un changement a été opéré, la nouvelle forme qui vient d'être adoptée reste en place jusqu'à ce qu'un changement subséquent vienne la transformer. Autrement dit, la flexibilité est comme la pâte à modeler que les enfants utilisent pour créer. On peut la modeler dans la forme désirée et elle gardera cette forme jusqu'à ce qu'on la modèle dans une autre forme.
De toutes les créatures vivantes, l'être humain est le seul qui possède cette caractéristique de malléabilité, c'est-à-dire d'être capable de changer, et cette souplesse se trouve tout naturellement dans ses facultés mentales. L'être humain peut être transformé par des influences extérieures ou par son environnement ou il peut décider volontairement de se changer lui-même en dirigeant sa volonté. Cette prérogative est de toute évidence un élément de base pour créer volontairement des habitudes.

2. **La fréquence de la répétition**. Comme il a été dit précédemment, la répétition est la mère de la mémoire. Elle est également la mère de l'habitude. Un des facteurs qui influence la vitesse à laquelle nous créons des habitudes est le nombre de fois que nous répétons l'action ou la pensée. Naturellement, cela varie d'un individu à l'autre, d'une circonstance à l'autre, et d'un moment à l'autre. Il n'y a que quelques heures dans une journée au cours desquelles il est possible de répéter une pensée. Par exemple, lorsque vous êtes au travail, les circonstances peuvent vous empêcher de penser à l'habitude que vous désirez créer en particulier. Tout est aussi une question d'initiative personnelle. Il se peut qu'une personne soit paresseuse et indifférente ou qu'elle soit ambitieuse et dynamique. Cela influencera le nombre de fois qu'elle répétera l'action ou la pensée. Indirectement, cela

influencera la période de temps dont la personne aura besoin pour créer une habitude.

3. **L'intensité de la répétition**. Voici une autre variable dans le processus de création d'une habitude. Dans tout ce qui vous a été expliqué au sujet de ces principes, nous vous avons parlé de l'importance d'invoquer un motif solide et déterminant et de manifester un désir brûlant comme éléments essentiels. En voici maintenant la raison. Si une idée est suggérée à l'esprit et qu'elle est soutenue par toutes les émotions dont vous êtes capable, elle deviendra un désir brûlant. Ainsi, elle entraînera un impact plus grand que si vous exprimez un voeu timide même si les mots que vous employez sont identiques. Toutefois, le degré d'intensité de la répétition est un autre facteur qui influence la vitesse à laquelle l'habitude se développera et s'implantera.

Source : *PMA Science of Success Course*, p. 505 et 506.

- 21 -

DEUX LOIS IMPORTANTES
selon Judith Williamson

« En tant qu'autodidacte, j'ai appris les deux plus importantes leçons de ma vie en lisant deux classiques : *The Master Key to Riches* (non traduit en français) **et *Réfléchissez et devenez riche* de Napoleon Hill. Ces livres m'ont fait créer des associations plus étroites et significatives avec des gens qui ont réussi et m'ont fait découvrir l'abondante sagesse d'autres grands leaders et penseurs. »**

– Chuck Sink

Même si Dorothée portait des souliers rouge rubis, elle avait besoin d'instructions précises pour faire fonctionner leur magie. De même, la connaissance personnelle, la compassion et le courage sont de grandes qualités humaines qui sont acquises en proportion de ce que nous donnons. Dorothée devait acquérir ces qualités pour avancer. Ses pérégrinations au village d'Oz l'ont fait réfléchir et grandir en proportion de ses expériences.

Le philosophe américain Ralph Waldo Emerson a affirmé : « La pensée est la clé de l'humain ». Pour sa part, Napoleon Hill ajoute que : « C'est de cette façon que vous pouvez contrôler votre destin sur la terre à un niveau étonnant simplement en profitant du privilège de développer vos propres pensées. Alors, une fois que vous avez développé vos pensées en modèle défini, elles sont prises en charge par la loi cosmique de création d'habitudes et elles sont transformées en habitudes routinières. Elles demeurent ainsi jusqu'à ce qu'elles soient remplacées par des modèles de pensée différents et plus forts. »

Pour devenir un leader dans votre domaine, vous devez posséder les traits de caractère d'un leader. Ces traits de caractère sont la connaissance, le courage et la compassion. En examinant de plus près l'Épouvantail, le Lion poltron et le Bûcheron-en-fer-blanc, nous commençons à comprendre ce que ces traits de caractère représentent aux yeux des leaders d'aujourd'hui.

La connaissance est essentielle dans tout ce que vous désirez entreprendre, mais il ne suffit pas d'avoir le manuel d'instructions pour savoir comment diriger un projet. Peut-être que vous connaissez des gens qui se sont fondés sur les mêmes hypothèses que l'Épouvantail en croyant que la connaissance transmettait du pouvoir. Plus précisément, la connaissance est en fait uniquement un pouvoir potentiel. En fait, les connaissances n'ont de pouvoir que lorsqu'elles sont mises en application. Les connaissances ne sont qu'une étape au sein du processus de cette idée plus large qu'est l'apprentissage. Selon Bloom, le véritable apprentissage s'effectue en suivant les étapes suivantes : la connaissance, la compréhension, l'application, l'analyse, la synthèse et l'évaluation. Nous attirons votre attention sur le fait que la connaissance est à la base de la hiérarchie et non au sommet. Les connaissances concernant l'industrie, les gens, la technologie, les produits, les affaires et toute autre chose ne servent vraiment à rien tant et aussi longtemps que vous ne les appliquez pas.

À mesure que l'Épouvantail faisait son apprentissage, il finit par obtenir son diplôme. C'est à se demander s'il était vraiment plus intelligent après avoir obtenu son diplôme ou s'il pensait seulement qu'il l'était? Après avoir acquis les connaissances, il possédait une meilleure estime de lui-même et il était plus confiant, ce qui lui a permis en revanche d'appliquer ses connaissances. Les connaissances concrètes sont le pouvoir. Alors, plutôt que de penser en termes de limites qu'il s'impose lui-même, l'Épouvantail pense en termes de capacités et de résultats. Ses pensées deviennent sa réalité. Le but précis est le point de départ de toute réalisation. Ce seul principe départage les gens d'action de ceux qui se laissent aller au gré du vent.

Le courage est la capacité de transporter les ordures au chemin même lorsque la lumière du balcon est éteinte. C'est là une façon de vaincre la peur et de faire preuve de l'audace nécessaire pour passer à l'action, peu importe le résultat. À ce sujet, Napoleon Hill affirme que : « La peur est le plus grand obstacle à la réussite. » Elle peut refréner subitement l'élan d'une personne. Elle peut maintenir une personne accrochée au passé plutôt que de la motiver à avancer. L'énoncé remarquable de Franklin D. Roosevelt : « Nous n'avons rien à craindre si ce n'est que la peur en soi » est aussi vrai aujourd'hui qu'il l'était lorsqu'il l'a formulé, il y a plusieurs décennies au moment où les États-Unis devaient faire face, eux aussi, à la Grande Dépression. La peur nous paralyse. Elle nous transforme en suiveurs plutôt qu'en leaders. Elle diminue notre enthousiasme et décourage notre initiative personnelle. En fait, la peur réduit notre dynamisme et éteint notre désir de réussir.

Lorsque le Lion poltron reçut sa médaille de courage, il ressentait encore de la peur, mais il comprenait que même les gens courageux ressentent la peur. Il pensait qu'il était courageux, alors il est devenu courageux. La médaille devint une validation extérieure du changement intérieur qui s'était produit. Une fois que nous analysons la peur pour ce qu'elle est, nous devons nous tourner vers le résultat désiré et décider si surmonter la peur et passer à l'action est ce que nous voulons faire. C'est en ne nous laissant pas paralyser par une montagne d'informations, par les gens et par toute autre peur profonde que nous pouvons avancer dans la vie, si le gain espéré vaut le changement. Le docteur Hill l'indique clairement : « La personne qui cherche à réussir doit se forcer à dominer ses peurs en faisant le premier pas vers son but. »

Lors de ses recherches sur l'agonie et la mort, la docteure Elizabeth Kubler Ross a découvert que les gens franchissaient cinq stades au moment de mourir. Ces stades sont le déni, la colère, la négociation, la dépression et l'acceptation. Lorsque les gens doivent dominer une peur, ils franchissent les mêmes stades puisque ceux-ci sont le reflet du processus de changement. Savoir qu'il y a une séquence dans les étapes qu'il faut franchir pour changer rend tout le processus plus rationnel et contrôlable. Une attitude mentale positive nous aide à conserver l'attitude « Je peux » même lorsque nous éprouvons de la peur. Il s'agit en fait de l'attitude mentale adéquate en toutes circonstances.

DEUX LOIS IMPORTANTES
selon Napoleon Hill

Il existe deux lois importantes qui devraient vous être familières. L'une est la loi de la compensation et l'autre est la loi du rendement croissant. L'humanité est dépen - dante du fonctionnement de ces deux lois pour sa survie. Si l'agriculteur ne se conformait pas à ces lois, il ne produirait aucun aliment. Voyons comment il doit nécessairement observer ces lois en plus d'appliquer le principe du « kilomètre supplémentaire », qu'il en soit conscient ou non.

L'agriculteur doit couper les arbres et les arbustes. Il doit ensuite labourer, herser et fertiliser là où c'est nécessaire. Par la suite, il doit semer des graines. Il doit conjuguer intelligence et travail en semant durant les bonnes saisons de l'année. Il doit suivre la bonne méthode de culture et utiliser les bonnes techniques d'irrigation et de production.

Une fois ces étapes achevées, il a fait tout ce qu'il pouvait. Jusqu'ici, il n'a pas été payé pour son travail. Il en a littéralement fait davantage que ce pour quoi il a été payé! Maintenant, il doit attendre que la nature fasse germer les graines et que le temps passe pour que la croissance se poursuive et que les champs produisent une récolte.

Si l'agriculteur a travaillé intelligemment, la nature le récompensera par la loi de la compensation selon laquelle elle ne permet à aucun être vivant d'obtenir quoi que ce soit sans rien donner en retour et en s'assurant que toute forme de travail soit récompensée. Cette loi s'assure que la graine plantée produise quelque chose. Mais en produisant uniquement des graines, le processus n'aboutit pas vraiment à rien. Ainsi, aucun aliment ne peut être produit autant pour l'homme que pour les bêtes.

Voilà pourquoi il faut une autre loi. Il s'agit de la loi du rendement croissant puisqu'il y a une augmentation de la quantité produite par rapport à la quantité plantée. La nature redonne à l'agriculteur la graine qu'il a plantée dans la terre plus une marge de plusieurs fois la quantité des graines semées. C'est là sa récompense pour en avoir fait plus que ce pour quoi qu'il a temporairement été payé. Cette loi invariable récompense toujours l'effort intelligent fourni en adoptant une attitude basée sur la foi, abstraction faite des limites de la compensation immédiate.

Maintenant, vous pouvez comprendre que l'énoncé de ce principe stratégique d'offrir un meilleur service et d'en faire plus que ce pour quoi on est payé n'est pas une loi établie par les hommes. Évidemment, vous pensez peut-être que ces exemples sont simples. Ils sont suffisamment simples jusqu'à maintenant sur le plan de leur impact. Toutefois, vous auriez de la difficulté à considérer leur cause sous-jacente comme une chose simple. Cette cause est aussi profonde et impondérable que les autres lois qui régissent cette planète et l'univers tout entier de façon ordonnée et harmonieuse autant dans le temps que dans l'espace.

La nature est constituée de lois et de principes incontestables et solides auxquels l'homme doit obéir s'il souhaite réussir dans la vie et réussir sa vie. Il n'est donc pas nécessaire de comprendre toute l'étendue de la signification et du but de ces lois. Nous devons tout simplement admettre leur existence et adapter nos actions en ce sens.

Source : *PMA Science of Success Course*, p. 142 et 143.

- 22 -

TOUT LE MONDE PEUT ACCOMPLIR DES «MIRACLES»
selon Judith Williamson

« Nous devons nous donner le pouvoir de contrôler nos pensées afin de vaincre nos peurs et suivre les règles de notre propre route de pavés jaunes qui nous permettent de réaliser nos rêves et d'atteindre nos buts. Personne ne peut le faire à notre place. La raison est que LE VÉRITABLE MAGICIEN D'OZ SE TROUVE EN NOUS! Et nous ne devons jamais laisser personne nous empêcher de croire à cette vérité. »

– Barbara Hailey

La compassion - le Bûcheron-en-fer-blanc :

Vous ne pouvez pas vous attendre à devenir un leader énergique sans d'abord adopter une attitude juste et sincère envers les autres. La compassion, c'est-à-dire diriger avec le coeur, n'est pas un trait de caractère inné, mais plutôt développé au fil des interactions avec les autres. Dans *Un conte de Noël* de Charles Dickens, le fantôme des Noëls futurs parle de la compassion comme du lait de la bonté humaine. Être attentionné commence avec la relation que l'enfant entretient avec sa mère, cela s'étend aux autres membres de la famille, puis à l'extérieur dans la communauté et au-delà de celle-ci. Dans la hiérarchie des besoins de Maslow, il est démontré qu'une personne doit en tout premier lieu prendre soin de nous si nous voulons être capables de redonner aux autres les cadeaux que nous avons reçus à notre naissance. Sans modèle de compassion à suivre, l'étudiant ne peut pas faire preuve de compassion. Cette dernière requiert l'intérêt de donner et non de recevoir. Cela signifie de faire le kilomètre supplémentaire pour redonner à l'Univers les cadeaux qui nous ont été donnés à notre naissance. Maslow démontre que l'un des plus grands besoins est la réalisation de soi. C'est le stade au cours duquel la personne est capable de redonner à l'Univers les cadeaux qu'elle a reçus en utilisant ses talents.

Lorsque les gens reconnaissent que le Bûcheron-en-fer-blanc a un cœur, ce dernier sent qu'il a des affinités avec les autres. Il fait l'expérience d'une douleur d'ordre émotionnel lorsque Dorothée doit retourner au Kansas. Cette compassion est une aspiration d'ordre élevé et c'est ce qui nous rend humain.

Napoleon Hill nous dit que nous devrions cultiver nos relations avec les autres en nous basant sur les règles de conduite formulées dans le Sermon sur la montagne. Il continue en ajoutant que sans réussite spirituelle, les réalisations matérielles ne sont que dérision. Hill nous met en garde en disant : « Souvenez-vous que le type de justice que vous imposez aux autres sera jugé par votre propre conscience. » Il renchérit en disant : « Le type de justice dont je parle est positif, c'est une justice qui vise à inspirer les autres pour qu'ils atteignent des sommets et pour que leurs valeurs et leurs capacités d'êtres humains soient reconnues. » Faire un kilomètre supplémentaire est la PERLE de tous les principes. C'est ce qui fait en sorte que l'Univers nous récompense en intérêt composé et bien plus encore. C'est ce qu'on appelle la Loi du rendement croissant et elle est activée par la Loi de la compensation. Faites provision de ce genre de richesse et vous ne remettrez jamais vos réalisations en question.

Conclusions - *Le Magicien d'Oz* – Le parcours vers le XXIe siècle

Après avoir comparé votre vie à celle des personnages du *Magicien d'Oz*, vous remarquez sans doute qu'en chacun de nous se trouvent un Lion poltron, un Bûcheron-en-fer-blanc, un Épouvantail et une Dorothée. Ces « personnages » sont des occasions d'apprentissage qui nous sont fournies pour améliorer notre performance terrestre. De plus, si nous aspirons à devenir leader au sein d'organisations, nous devons saisir ces occasions d'apprentissage et accepter les défis qu'ils nous posent afin de grandir au sein de notre profession. En marquant un pas et en affrontant le défi, nous pouvons assumer le défi et ne pas être freiné ou avoir peur de l'opportunité que la croissance nous fournit. Shakespeare a déjà dit qu'il y avait une marée dans les affaires des hommes qui, lorsqu'elle monte, construit une fortune. Lorsque les hommes n'en tiennent pas compte, ils s'enfoncent alors dans les bas-fonds et le malheur. Il nous a aussi avertis que le temps et la marée n'attendent personne. Acceptez donc le défi que la vie vous adresse. Saisissez l'occasion et faites le changement approprié.

C'est bon pour vous. Vous n'avez qu'à demander à Dorothée, au Bûcheron-en-fer-blanc, au Lion poltron et à l'Épouvantail. Chacun a reçu la récompense qu'il méritait. Leur vie s'est donc améliorée parce qu'ils ont appris quelque chose tout au long de la route en pavés jaunes.

Créer, Croire et Accomplir, voilà les trois éléments essentiels de la réussite! Allez-y une étape à la fois. Vous n'avez qu'à parcourir votre propre route en pavés jaunes et vous arriverez à destination plus vite que vous auriez pu l'imaginer. Et qui plus est, vous ne serez plus au Kansas!

TOUT LE MONDE PEUT ACCOMPLIR DES «MIRACLES» *selon Napoleon Hill*

Une attitude mentale positive est en fait l'habitude de garder notre esprit occupé et concentré sur les événements et les choses que nous désirons dans la vie afin de ne pas penser à ce que nous ne désirons pas. La plupart des gens passent leur vie en affectant des attitudes mentales dominées par la peur, l'anxiété et les soucis à propos de circonstances qui finissent par se frayer un chemin dans leur existence tôt ou tard. Et le plus étrange dans cette vérité c'est que ces gens blâment les autres pour les malheurs qu'ils ont eux-mêmes causés par leur attitude mentale négative.

L'esprit arrive définitivement à traduire nos pensées en leur équivalence physique. Si vous pensez en termes de pauvreté, vous vivrez dans la pauvreté. Si vous pensez en termes d'opulence, vous attirerez l'opulence. Grâce à la loi éternelle de l'attraction harmonieuse, la nature de nos pensées se matérialise toujours selon ce qu'elle était au départ.

Une attitude mentale positive signifie de prendre l'habitude de voir toutes les circonstances désagréables que nous rencontrons comme de simples occasions de tester notre capacité à les dépasser en cherchant « la graine de leur avantage équivalent » et de la mettre à notre service.

Une attitude mentale positive est l'habitude d'évaluer tous les problèmes et de constater la différence entre ceux que nous pouvons maîtriser et ceux que nous ne pouvons pas contrôler. La personne qui possède une attitude mentale positive entreprend de résoudre les problèmes qu'elle peut maîtriser et relativise les autres en ne les laissant pas influencer son attitude pour qu'elle passe de positive à négative.

Source : HILL, Napoleon. *You Can Work Your Own Miracles*. Ballantine Books, 1971, p. 21.

- 23 -

LES ÉTAPES À SUIVRE POUR DÉVELOPPER UNE ATTITUDE MENTALE POSITIVE

selon Judith Williamson

« Les résultats négatifs sont produits par des pensées négatives qui sont le fruit de conversations négatives. Les mauvais résultats que nous obtenons sont produits par les mauvaises nouvelles sur lesquelles nous avons choisi d'insister. »

– Keith Russell Lee

« Aucune mauvaise nouvelle n'est permise », voilà une partie du refrain d'une chanson du *Magicien d'Oz*. Lorsque « les mauvaises nouvelles » se confirment, elles peuvent prendre de l'ampleur et ruiner notre journée et même notre vie si nous leur laissons ce pouvoir. Elles peuvent vraiment jeter un sort qui finira non seulement par nous faire du mal, mais qui nous empêchera de ressentir de la joie et de voir nos projets se réaliser pour bien des années à venir. Les mauvaises nouvelles peuvent littéralement nous vider de notre âme et faire en sorte que nous nous sentions déjà morts, comme une sorte de zombi ou de somnambule, et ce, pour le reste de nos jours.

Le seul antidote aux mauvaises nouvelles est de les remplacer par des pensées positives. Autant le docteur Hill que W. Clement Stone nous rappellent de regarder les mauvaises nouvelles directement dans les yeux, de les retourner d'où elles viennent et de les envoyer faire de l'air. Mais comme chacun de nous l'avons expérimenté après avoir essuyé un échec, éprouvé une perte immense, affronté une épreuve ou ressenti une émotion négative, faire un changement peut s'avérer tout aussi difficile que de faire renverser la marée. Alors, comment pouvons-nous arriver à faire renverser la marée quand cela nous semble au-delà de nos forces?

Je me souviens d'une citation d'Edmund Burke qui disait que : « Tout ce qu'il faut pour que le mal triomphe, c'est que les bonnes personnes restent inactives. » Napoleon Hill ajoute : « Apprenez à motiver les autres par l'exemple. » Il semblerait donc que le remède serait dans l'action, dans les actions requises pour refouler la marée qui monte afin de construire un mur de protection et ensuite s'occuper du problème causant l'inondation. Il ne suffit pas d'entreprendre une seule action, mais plusieurs, et à la fin, ce qui fera la différence, c'est que le village tout entier ne sera pas emporté par l'eau. Vous pouvez faire partie du changement que vous voulez voir se produire dans le monde, tout comme Gandhi l'a exprimé. Vous n'avez qu'à poser des actions positives.

Lorsque Michael Jackson est décédé, le monde n'avait aucune bonne nouvelle à faire circuler. Dans mes formations, j'utilise souvent sa vidéo « *Man in the Mirror* » pour illustrer comment nous pouvons tous être le changement que nous voulons voir se produire dans le monde. Les images d'enfants qui meurent de faim, les sans-abris, les guerres et les armes nucléaires sont difficiles à regarder. Par contre, ces mêmes images peuvent soulever l'indignation dans nos cœurs pour les avoir laissé se produire sous nos yeux. Cette vidéo nous fait sortir de notre zone de confort, de notre existence quotidienne de zombi et elle nous lance un cri de révolte pour que les choses changent. Ce n'est certainement pas « une bonne nouvelle », mais son alternative, le changement, peut l'être.

Je remercie donc Michael Jackson d'avoir suscité notre attention envers ce message positif dans un monde négatif. Une œuvre prodigieuse survit même après que l'artiste qui l'a créée nous ait quitté et cette vidéo continuera à nous inspirer à passer à l'action peu importe le temps qu'il faudra pour que ce monde devienne meilleur. Comme Michael se trouve dans une sphère plus élevée maintenant, il continuera certainement à nous soutenir dans l'œuvre qu'il a commencé à créer sur cette terre. Nous sommes meilleurs de par son passage sur cette terre, mais son œuvre est loin d'être terminée. Nous sommes les mains et les pieds qui doivent faire le travail pour faire en sorte que la terre soit un meilleur endroit où vivre! Comme Michael le disait si bien : « Créons ce changement! »

LES ÉTAPES À SUIVRE POUR DÉVELOPPER UNE ATTITUDE MENTALE POSITIVE *selon Napoleon Hill*

Une attitude mentale positive est absolument nécessaire pour tous ceux qui veulent que leur vie soit couronnée de succès. Rien de grand n'a jamais été accompli sans une attitude mentale positive.

Reconnaissez que votre attitude mentale est la seule et unique chose sur laquelle vous et vous seul avez un contrôle total. Vous avez le privilège de prendre possession de votre esprit et diriger vos pensées avec une attitude mentale positive.

Vous devez réaliser, et vous prouver jusqu'à ce que vous soyez satisfait, que les épreuves, les échecs, les défaites, les douleurs et les circonstances désagréables que vous avez créés ou qui vous sont imposés, apportent avec eux la graine d'un avantage équivalent qui peut être transformé en bénédictions de grandes proportions.

Apprenez à vous couper de toutes les circonstances désagréables et de tous les échecs du passé, et faites le vide dans votre esprit pour maintenir une attitude positive.

Trouvez ce que vous désirez le plus dans la vie, à l'endroit même où vous vous trouvez maintenant, en aidant les autres à obtenir des avantages semblables et en appliquant l'excellent principe de réussite qui enseigne de faire un kilomètre de plus.

Choisissez LA personne qui, selon vous, est la plus remarquable au monde, de votre passé ou de votre présent, et faites-en votre modèle pour le reste de votre vie en l'imitant le plus possible.

Déterminez la quantité de biens matériels dont vous avez besoin, établissez un plan pour les acquérir et ensuite appliquez le principe d'équilibre sur lequel baser vos ambitions futures. L'avidité visant la surabondance de biens matériels a détruit plus de gens que n'importe quelle autre cause.

Prenez l'habitude de dire ou de faire quelque chose qui fera en sorte qu'une personne ou plusieurs se sentiront bien. Vous pouvez y arriver en faisant un simple appel téléphonique, en prononçant une bonne parole, en postant un mot ou une carte postale ou en posant tout autre geste de bonté. Par exemple, offrir un livre d'inspiration à quelqu'un qui a besoin d'une telle lecture pourrait, par exemple, faire des merveilles dans la vie de cette personne.

Source : *PMA Science of Success*, p. 225.

- 24 -

CRÉER, CROIRE ET ACCOMPLIR
selon Judith Williamson

« La liberté est un merveilleux concept que nous désirons tous expérimenter. Les gens qui demeurent en Amérique du Nord possèdent énormément de liberté qu'ils acceptent sans y accorder trop d'attention. Toutefois, lorsque nous atteignons la véritable « liberté », cette dernière peut devenir une responsabilité redoutable. »

– Dre Judith Arcy

Aux États-Unis, le mois de juillet est fertile en célébrations. Par exemple, le 4 juillet, les Américains célèbrent la naissance de leur pays. Pour préserver la tradition, ils célèbrent souvent en partant en vacances, en prenant congé, en réunissant la famille, en organisant des pique-niques et des barbecues. Quelque chose de spécial se produit et une atmosphère d'anticipation heureuse donne le ton à tout le mois de juillet. Contrairement aux autres, ce congé estival n'est pas aussi stressant que les autres. Il est alors normal de se sentir libre, sans contrainte, et d'en faire le moins possible. Les feux d'artifice, les plages de sable, les hamburgers et les hot dogs sur le gril ainsi que les chaudes soirées d'été viennent tous susciter une ambiance apaisante qui fait en sorte que les gens ralentissent plutôt que d'être à la course.

Il est bon de remarquer certaines choses qui peuvent sembler sans importance à d'autres périodes de l'année. Par exemple, l'odeur de la pelouse fraîchement tondue, les étoiles et la lune qui éclairent le firmament, la danse des lucioles, la brise chaude ainsi que le parfum des fleurs et des potagers. Bien que nous attribuions ces indications de la saison estivale au cycle des saisons lui-même, l'autre réalité veut que nous soyons en train de récolter ce que nous avons semé.

En parlant de la notion de service, Dr Hill nous rappelle ce qui suit : « Apprenez de l'agriculteur qui laboure les champs, leur apporte des engrais, plante des graines et attend patiemment que ses efforts lui rapportent assurément une récolte abondante. » Un autre adage bien connu nous révèle que nous récoltons ce que nous semons. Si nous plantons des tomates, nous pouvons nous attendre à récolter des tomates en temps et lieu, et non des épis de maïs. La leçon est bien simple. Si nous suivons les lois naturelles, nous savons que nous serons récompensés pour ce que nous aurons fait parce que la loi du rendement croissant travaillera en notre faveur. Le temps de notre récolte viendra tout comme celui de notre réjouissance. Nous prenons de la force en travaillant (en assurant un service), et nous serons rémunérés tôt ou tard parce que c'est ainsi que fonctionne la loi. Plus nous attendons, et plus c'est avantageux pour nous, puisque nous accumulons des intérêts composés de la part de l'Univers!

Ainsi, lors de votre prochaine fête nationale, soyez reconnaissants de tous ces petits cadeaux que vous recevez gratuitement de la part de l'Univers. Un ami m'a envoyé un courriel énumérant plusieurs petits miracles qui, à première vue, semblent bien ordinaires : une tasse de café que quelqu'un vous a préparée... un appel téléphonique imprévu d'un ami de longue date... des feux verts sur le chemin du retour après le travail... se trouver dans la file la plus rapide à l'épicerie... la radio qui joue une bonne chanson que vous pouvez fredonner... trouver vos clés exactement là où vous les aviez laissées.

Pourquoi ne pas créer immédiatement une liste des petits miracles de votre propre vie? N'oubliez pas d'ajouter la liberté dont vous jouissez lorsque vous célébrerez votre prochaine fête nationale!

CRÉER, CROIRE ET ACCOMPLIR *selon Napoleon Hill*

Peu importe ce que l'homme conçoit, il peut l'accomplir tant et aussi longtemps que ce qu'il a créé ne va pas à l'encontre des lois naturelles et que c'est en harmonie avec la morale et l'ordre établi par l'Univers.

Il semblerait que l'une des raisons pour lesquelles l'homme vit sur cette terre est pour agir en tant que receveur et distributeur du pouvoir de l'Intelligence Infinie. Nous remarquons que jusque dans une certaine mesure, lorsque l'homme coopère en ce sens, il se rallie aux forces de la nature. Inversement, lorsqu'il n'agit qu'en son propre intérêt, il s'oppose à ce pouvoir et retarde le flot.

La puissance de l'Intelligence Infinie nous transmet la vie comme s'il s'agissait d'une rivière qui coule et fait fonctionner parfaitement notre corps et notre esprit. Nous pouvons l'utiliser pour nous guider et établir les circonstances de notre vie ainsi que pour nous maintenir en condition si nous agissons tels que des conducteurs de cette énergie et la consacrons à des fins positives.

Cette puissance montante n'a aucune limite. Elle doit se manifester dans le monde de telle façon que nous, les humains, puissions la comprendre et l'exprimer.

L'énergie de la vie circule dans l'esprit positif et réceptif en un flot continu tout comme les bandes de métal d'un alliage d'aluminium sont alimentées dans les presses mécaniques d'une usine de fabrication. À l'entrée, nous retrouvons une vie potentielle, une abondance potentielle, un pouvoir potentiel et une richesse potentielle. Par contre, tout comme les bandes d'aluminium forcées, nos pensées qui en ressortent ne peuvent qu'être semblables à ce que nous avons exprimé. Nos pensées sont des sortes de poinçonneuses (nourries de nos croyances) qui impriment sur le matériau original qu'est notre vie.

Tout ce que nous acceptons, aimons, chérissons ou caressons d'un désir brûlant et gardons constamment à l'esprit comme faisant partie de nous, finit par se concrétiser dans notre vie. Comme la lumière du soleil qui traverse un prisme et qui est décomposée en différents rayons de couleur, l'Intelligence Infinie traverse notre conscience et prend différentes formes. Le prisme de notre esprit peut être assombri uniquement par les imperfections de nos propres créations empreintes d'inquiétude, de peur et d'échec qui viennent altérer les couleurs plus douces et plus vives.

Un flot d'intelligence commence par se manifester en nous, mais tout comme une matrice mal fabriquée, peut produire des pièces inégales même si elles sont taillées dans la meilleure des matières premières, le prisme défectueux peut transformer les rayons de soleil en nuages, tout comme notre incrédulité et nos doutes peuvent transformer l'énergie de vie parfaite en maladie, en pauvreté, en discorde et en souffrance.

Voilà pourquoi il faut faire bien attention lorsque nous préparons la matrice et surveiller attentivement nos désirs et nos croyances tout comme le directeur de La Monnaie surveille la matrice qui moule les pièces d'argent. Plutôt que de visualiser ce qui nous fait peur et ce que nous ne voulons pas voir se produire dans notre vie, et ainsi fabriquer une image négative dans l'Intelligence Infinie qui circule dans notre esprit, nous devons nous assurer d'imaginer les conditions que nous désirons obtenir.

Si vous avez la foi, concentrez-vous sur ce que vous voulez et non sur ce que vous ne voulez pas.

Source : *PMA Science of Success Course*, p. 88 et 89.

- 25 -

LA SOURCE DE TOUTE RICHESSE
selon Judith Williamson

« Si ce que vous souhaitez faire est juste, et que ce désir est soutenu par un désir brûlant, alors ne laissez absolument rien vous empêcher de le réaliser. »
– Phil Barlow

Dr Hill déclare : « Une pensée organisée n'a pas de prix! Et la pensée n'a pas de puissance tant et aussi longtemps qu'elle n'est pas organisée et dirigée vers un but précis, et mise en oeuvre à l'aide d'une action consciente. » S'il y a une clé sous-jacente à la réussite dans la science du succès, c'est bien celle de la pensée suivie d'une action consciente. La pensée sans action ou l'action sans pensée ne créera jamais la richesse d'une personne. La pensée et l'action doivent être combinées pour donner les résultats attendus lorsque la personne poursuit sa quête person - nelle.

Lorsque j'enseigne ce concept, je me réfère souvent au poème *Eldorado* d'Edgar Allan Poe qui va comme suit :

> Gaiement accoutré, un galant chevalier, au soleil et par les ténèbres, avait longtemps voyagé, chantant une chanson, à la recherche de l'Eldorado.

Mais il se fit vieux, ce chevalier si hardi, et sur son cœur tomba une ombre car il ne trouvait aucun endroit de la terre qui ressemblait à l'Eldorado.

Et, quand à la longue sa force défaillit, il rencontra une ombre pèlerine à qui il demanda : « Ombre, dit-il, où peut bien être cette terre d'Eldorado ? »

« Par-delà les montagnes de la lune, et au fond de la vallée de l'ombre, chevauche hardiment, répondit l'ombre, si tu cherches l'Eldorado. »

(Traduction de Stéphane Mallarmé dans *Edgar Allan Poe Contes – Essais – Poèmes*, Paris, Éditions Robert Laffont, 1989, p. 1280)

Lorsque nous lisons ce poème pour la première fois, il n'est pas facile d'en décoder le message. Un chevalier part à la recherche de l'Eldorado, une sorte de terre promise, et il semble s'être engagé sur la bonne route. Plus tard, à mesure que le temps passe et qu'il épuise ses réserves, son système de positionnement global personnel semble faire défaut. Les données qu'il avait reçues étaient-elles imprécises, le roi lui avait-il donné les mauvais renseignements ou le chevalier était-il seulement un rêveur, un homme bête ou même les deux? Peut-être s'agit-il d'une combinaison de tous ces facteurs?

La véritable défectuosité dans le programme dépend du fait que la boussole interne du chevalier n'était pas en ligne avec son étoile du Nord personnelle et qu'il n'a pas pensé de façon cohérente. La pensée et l'action étaient survenues dans le présent. Mais, l'action ne découlait pas d'une pensée intelligente combinée à un but précis. Alors, lorsque l'ombre se manifesta, le chevalier reçut encore plus d'instructions incohérentes que celles qu'il avait suivies au départ. Peut-être que l'ombre représente celle de l'ancienne personnalité du chevalier désespéré en pensant qu'il n'arrivera jamais à destination. Comment son ombre pouvait-elle arriver à destination quand lui-même ne savait pas où il allait et quand aurait-il pu savoir qu'il était arrivé?

Êtes-vous comme le chevalier quand vous cherchez à acquérir des richesses? Avez-vous procédé à une étude approfondie du terrain avant de vous mettre en route? Savez-vous vraiment ce que vous cherchez? Vos instructions et votre plan sont-ils précis, organisés, détaillés et échelonnés sur une période de temps aboutissant à une échéance raisonnable? Pouvez-vous identifier votre progrès par des jalons en cours de route? À mesure que vous progressez, arrivez-vous à vous retrouver davantage ou êtes-vous en train de vous perdre en cours de route? Dans le prochain article de Napoleon Hill, vous trouverez une liste des douze richesses de la vie. Si elles sont en fait les trésors ultimes de la vie, la voie que vous avez empruntée vous mène-t-elle vers ces trésors ou vous en éloigne-t-elle?

Comme Dr Hill le dit si bien : « Des voeux pleins d'espoir sont un bon début, mais ils ne vous permettront pas de réaliser vos projets. » Avant de commencer votre parcours de vie, soyez absolument certain de consulter une carte détaillée. Vous êtes la meilleure personne qui puisse juger de sa valeur.

LA SOURCE DE TOUTE RICHESSE
selon Napoleon Hill

La pensée est à la source de toutes les richesses, qu'elles soient d'ordre matériel, physique ou spirituel. Elle est le moyen à utiliser pour obtenir les douze richesses de la vie, c'est-à-dire une attitude mentale positive, une bonne santé physique, des relations humaines harmonieuses, l'absence de peur, l'espoir d'accomplir sa mission, la capacité d'avoir la foi, la volonté de partager ses bienfaits, une œuvre d'amour, un esprit ouvert à tous les sujets, l'autodiscipline, la capacité de comprendre les gens et la sécurité financière. Par contre, la pensée est inutile pour accumuler la richesse si elle n'est pas organisée et dirigée vers l'accomplissement d'un but bien précis. Tout comme l'électricité, la pensée est un pouvoir qui peut et arrive souvent à détruire aussi rapidement qu'elle construit si elle n'est pas dirigée à des fins positives. L'électricité est capable de faire tourner les rouages d'une industrie et elle peut convertir la noirceur en lumière. Elle peut aussi interrompre la vie selon l'intelligence que nous utilisons pour s'en servir.

La pensée agira de la même manière même si son travail est quelque peu différent puisqu'elle passe par le cerveau de l'être humain. Il y a des pages et des pages d'archives médicales où se trouvent différents cas de gens qui se sont suicidés après avoir mal appliqué une pensée. Tous les psychologues savent que toute la souffrance et la pauvreté dans le monde sont causées par une mauvaise application de la pensée. Le monde a commencé à comprendre le principe de l'électricité et à l'utiliser très lentement. À la longue, les hommes ont appris comment utiliser l'électricité et s'en servir à leur profit. Lentement, le monde commence à apprendre de quelle façon exploiter et utiliser la puissance de la pensée.

Les hommes cherchent toute leur vie à faire fortune sans se rendre compte que la source de toute la richesse est déjà à leur portée et qu'ils n'ont qu'à la reconnaître et l'utiliser. Il ne s'agit pas ici d'une hypothèse invraisemblable, mais d'un fait connu de tous ceux qui sont devenus conscients du pouvoir de leur propre pensée et qui se sont emparés de cette puissance afin de l'utiliser pour solutionner leurs problèmes. Par exemple, la plupart des gens passent toute leur vie sans jamais être conscient de la source de la puissance à laquelle ils peuvent accéder en appliquant le principe du « cerveau collectif ».

Le penseur averti ne fait pas seulement que reconnaître l'existence de ce principe, mais il l'utilise comme moyen pour accroître la puissance de son propre cerveau. Le penseur averti s'entoure d'un « cerveau collectif » comprenant au moins quatre conseillers, autant sur le plan spirituel, financier, personnel que physique. À part ces quatre domaines, vous aurez peut-être besoin d'ajouter différents alliés à votre « cerveau collectif » comme, par exemple, des conseillers techniques, professionnels ou autres selon la nature et la portée du but précis que vous poursuivez.

Source : *PMA Science of Success Course*, p. 316 et 317.

- 26 -

LES LEÇONS À TIRER DES ÉCHECS
selon Judith Williamson

« Les enseignements et les ouvrages de Napoleon Hill traversent les époques. Ils sont aussi pertinents aujourd'hui qu'ils l'étaient au moment où *Réfléchissez et devenez riche* était publié en 1937. Je vous les recommande. »

– Richard Banta

Lorsque nous nous posons la question à savoir de quelle façon tirer le meilleur parti de ce que nous possédons, nous nous donnons l'occasion de prendre une nouvelle direction, plus positive. Rechercher la perfection nous place souvent dans une mauvaise disposition et cela peut entraîner des échecs dans différents domaines de notre vie. Hésiter à commencer parce que le résultat « parfait » prévu peut sembler apeurant vous empêchera de réaliser ce dont vous êtes capable. Plutôt que de visualiser le résultat parfait des événements banals qui se produisent dans votre vie, pourquoi ne pas rechercher l'amélioration plutôt que la perfection?

Par exemple, quand il est question de faire le ménage de la maison, vous avez peut-être déjà entendu l'expression que « faire un brin de ménage » suffira. À certains moments, ce sera suffisant puisque ce sera une amélioration par rapport à ce que c'était auparavant. Les repas préparés à la maison sont bien meilleurs pour la santé, mais ceux achetés peuvent aussi faire l'affaire si nous les choisissons bien. Quand nous prenons soin de nos animaux domestiques, un toilettage quotidien peut très bien remplacer une visite au salon de toilettage lorsque le budget est plus serré. Dans la voiture, un simple sac à ordures peut être une bonne idée pour éviter que votre auto soit un fouillis total.

Toutes ces suggestions ne sont rien d'autre que du bon sens, mais est-ce que nous les suivons? Il est fort probable que non, puisque la plupart des gens ne comprennent pas que ce sont les actions continues qui assurent le succès. Nous nous concentrons davantage sur les résultats médiocres ou les résultats fulgurants. C'est en somme ce qui refrène notre élan! Nous sommes comme un train sans carburant. Nous devenons une personne sans enthousiasme parce que nous ne pouvons pas imaginer une progression régulière aboutissant à un résultat positif. De quelle façon pouvons-nous nous entraîner à poursuivre notre but sans perdre de vue les étapes à franchir tout au long du périple? Peut-être que c'est aussi facile que de répondre à la question du début à savoir « de quelle façon puis-je tirer le meilleur parti de ce que je possède? ».

L'avocat Richard Banta répond à cette question à votre place. Plutôt que d'avoir abandonné la partie lorsque son entreprise à domicile ne satisfaisait pas ses attentes, il a fait contre mauvaise fortune bon cœur. Il s'est concentré sur la porte qui s'ouvrait vers l'avenir plutôt que sur la porte fermée du passé. Cela lui a permis d'utiliser la leçon qu'il avait apprise de sa tentative initiale et de l'appliquer au démarrage d'une nouvelle entreprise. N'est-ce pas une meilleure approche que de déplorer que sa première tentative n'avait pas réussi? Je crois que oui. Soit que nous apprenons de nos expériences passées, soit qu'elles nous anéantissent. La bonne nouvelle, c'est que nous possédons la faculté de choisir.

Commencez par des choses simples. Quelles sont les tâches que vous devez accomplir aujourd'hui? Pensez à une façon de les aborder qui vous permettra de vous affirmer sans vous soucier de les exécuter à la perfection. Peut-être pouvez-vous faire la vaisselle et la déposer dans le panier pour la laisser sécher à l'air. Tondre la pelouse sans faire les bordures. Laver vos vêtements et faire le repassage plus tard. Le truc ici est « qu'une tâche commencée est une tâche à moitié terminée ». Ne vous laissez pas bloquer en attendant des résultats parfaits. La seule façon d'atteindre des résultats positifs est d'entreprendre une étape à la fois jusqu'à ce que votre but soit atteint. Vous n'avez pas besoin de tout faire le même jour, la même semaine ou le même mois. Par contre, vous n'atteindrez jamais votre but si vous attendez que la parfaite occasion se présente pour commencer. Reconnaissez que l'occasion parfaite est maintenant. Le résultat parfait se manifestera que lorsque vous aurez ouvert le chemin vers la réussite.

LES LEÇONS À TIRER DES ÉCHECS
selon Napoleon Hill

Le moment le plus important dans notre vie est lorsque nous réalisons que nous avons subi un échec. C'est là le plus important parce qu'il nous donne des moyens sûrs de prévoir les possibilités d'une prochaine réussite.

Acceptez que l'échec soit une façon de vous inspirer à réessayer en étant confiant et déterminé, et ce ne sera qu'une question de temps avant que vous ne réussissiez.

Lorsque vous acceptez l'échec comme une finalité et que vous le laissez ébranler votre confiance, aussi bien alors oublier tout espoir de réussite.

Chacun des échecs que vous connaîtrez marquera un tournant dans votre vie, car l'échec vous place en face du besoin de ranimer votre confiance ou d'admettre qu'elle vous manque.

L'échec nous aide souvent à nous débarrasser de la vanité. Par contre, il y a une différence entre la vanité et l'autonomie une fois que nous avons fait un travail d'introspection honnête par rapport à nos traits de caractère. Lorsque nous abandonnons après avoir essuyé un échec, nous démontrons clairement que nous avons pris notre vanité pour de l'autonomie.

Lorsque nous jouissons d'une véritable autonomie, nous faisons preuve d'un bon caractère puisque l'un découle de l'autre. Aussi, un bon caractère ne cède pas devant l'échec sans se battre.

L'éducation, les compétences et l'expérience sont des atouts appréciables peu importe la profession. Cependant, ils ne seront d'aucune utilité à la personne qui, comme l'Arabe dans le désert, plie sa tente et se défile en silence lorsqu'elle est déchue. Les personnes qui se donnent un but précis, qui ont la foi et qui sont déterminées peuvent parfois échouer sur les rives de la vie en raison de circonstances imprévues, mais elles ne resteront pas très longtemps à cet endroit. Leur réaction à cet échec est habituellement assez forte pour les ramener sur le chemin de la réussite qui leur revient.

Les échecs et les épreuves ont amené bien des personnes à profiter d'opportunités qu'elles n'auraient pas pu saisir si les circonstances avaient été plus favorables.

L'attitude mentale d'une personne face à l'échec est un facteur capital pour déterminer si elle se laisse aller avec la marée de la fortune sur la rive de la réussite ou si elle se laisse emporter sur la rive de l'échec et de la malchance.

Les circonstances qui séparent l'échec de la réussite sont souvent si infimes qu'on ne remarque pas leur véritable cause. Les causes se trouvent bien souvent uniquement dans l'attitude mentale qu'adopte la personne lorsqu'elle subit un échec temporaire. Les gens qui arborent une attitude mentale positive face à l'échec réagissent en étant déterminés à ne pas se laisser abattre. Tandis que ceux qui ont une attitude mentale négative face à l'échec réagissent en acceptant mollement la situation.

La personne qui adopte une attitude mentale positive obtiendra tout ce que son cœur désire dans la vie tant et aussi longtemps qu'elle n'enfreint pas les lois de Dieu et qu'elle n'outrepasse pas les droits de ses concitoyens. Elle subira probablement plusieurs échecs sans jamais abandonner. Elle s'en servira comme point de départ d'où s'élever toujours plus haut pour réaliser des projets toujours plus importants.

Source : *PMA Science of Success Course*, p. 394, 395 et 396.

- 27 -

L'AUTOSUGGESTION ET L'ATTENTION CONTRÔLÉE
selon Judith Williamson

« Je trouve que lorsque nous calmons notre mental, nous donnons une chance à notre subconscient de s'exprimer, lequel nous parle par l'entremise de notre intuition. »

– Ray Stendall

Voici des citations du docteur Hill qui peuvent être transformées facilement en affirmations positives et utilisées en guise d'outils d'autosuggestion. En répétant ces énoncés quotidiennement ou même plusieurs fois par jour, vous commencerez à tracer un chemin dans votre esprit un peu comme une rainure sur un ancien disque. Alors, quand viendra le temps de faire appel à un état de bien-être dans certaines périodes plus difficiles, vous n'aurez qu'à « faire jouer à nouveau » cette affirmation. W. Clement Stone le savait bien lorsqu'il répétait toujours : « Je respire la santé! Je rayonne de bonheur! Je me sens très bien! » Et que dire de son fameux : « Agis maintenant! » qui nous ouvre le chemin de la réussite en raison de son invitation à passer à l'action. En fait, Stone nous offre littéralement une carte routière.

Vous êtes toujours sceptique? Pourquoi ne pas l'essayer pour une semaine ou deux afin de voir si vous pouvez conditionner votre esprit à adopter une attitude mentale positive? Qu'avez-vous à perdre? Emerson disait :

« Agissez et vous serez puissant! » Si vous voulez réussir, vous attirerez la réussite aussi facilement que l'échec. Créez, croyez et accomplissez!

Vous trouverez ci-dessous des exemples à utiliser. Vous pouvez tout aussi bien créer les vôtres à votre guise.

Concentrez-vous sur ce que vous désirez, et non l'inverse.

Je me concentre sur ce que je désire et non l'inverse.

Concentrez-vous sur un but précis et remarquez de quelle manière le monde vous fraye un chemin pour vous laisser passer.
Je vise un but précis et toutes les portes s'ouvrent devant moi sans effort.

Tout est possible pour celui qui croit que c'est possible.
Je sais que tout est possible.

Le secret pour accomplir des tâches est dans l'action. Sur le chemin vers la réussite, il faut entretenir une pensée ordonnée, et ensuite agir, agir et agir!
D'abord, je pense, et ensuite, j'agis.

Agissez maintenant... et avant que qui que ce soit ne vous le dise!
J'agis maintenant.

Vous êtes le maître de votre destin et vous pouvez influencer, diriger et contrôler votre propre environnement. Vous pouvez faire ce que vous voulez de votre vie.
Je contrôle mon destin en dirigeant mes pensées et en maîtrisant mes émotions. J'agis en faveur de mon plus grand bien.

Vous pouvez vous complaire dans vos malheurs et ainsi les multiplier ou rester solide et les éloigner.
Je célèbre ma réussite.

La richesse commence par une pensée.
Mes pensées sont des trésors.

Ce que vous pensez aujourd'hui reflétera ce que vous serez demain.
Je pense de manière positive et j'obtiens maintenant des résultats positifs.

Ce sont vos pensées qui vous ont amené où vous vous trouvez maintenant.
Mes pensées créent ma vie.

L'AUTOSUGGESTION ET L'ATTENTION CONTRÔLÉE *selon Napoleon Hill*

Vous êtes influencé par les circonstances critiques de votre environnement quotidien et vous faites également partie de ces circonstances. Le phénomène par lequel cela se produit est connu sous le nom d'autosuggestion (suggestion exercée sur soi-même, volontairement ou non, *Le Petit Robert*, page 188).

L'autosuggestion enregistre dans votre mémoire chacune des pensées que vous exprimez, pour ensuite faire partie de votre caractère, que la pensée soit positive ou négative. Elle enregistre chaque mot que vous entendez et lui donne une signification positive ou négative selon votre réaction.

L'autosuggestion enregistre vos réactions à tout ce que vous voyez ou reconnaissez à l'aide de vos cinq sens physiques, et elle « enregistre » ce que vous ressentez par rapport à votre environnement physique.

Les sujets sur lesquels vous vous concentrez deviennent les principales influences de votre environnement. Si vos pensées sont concentrées sur la pauvreté ou les signes physiques de la pauvreté, alors ces influences seront transférées à votre subconscient par l'entremise de l'autosuggestion.

Si vous continuez à vous concentrer sur la pauvreté, vous conditionnerez votre mental à accepter la pauvreté comme une circonstance normale et vous serez attiré par la pauvreté. C'est ainsi que des millions de personnes se condamnent elles-mêmes à vivre toute leur vie dans la pauvreté. Souvenez-vous en si vous voulez vivre dans l'opulence.

Le principe de l'autosuggestion fonctionne exactement de la même manière lorsque vous portez une attention concentrée sur l'opulence et la sécurité financière. Cette habitude mène au développement d'une prospérité consciente sans laquelle il est impossible d'assurer toute sécurité économique.

Ainsi, il est évident que lorsque vous vous concentrez volontairement à atteindre un but précis de nature positive, et que vous forcez votre mental à penser uniquement à ce sujet, vous conditionnez alors votre subconscient pour qu'il agisse de manière à poursuivre ce but. Comme nous l'avons souvent répété, le subconscient agit d'abord sur les pensées dominantes que nous lui présentons quotidiennement qu'elles soient positives ou négatives. Il procède ensuite en utilisant ces pensées pour produire leur équivalent matériel.

Source : *PMA Science of Success*, p. 345 et 346.

- 28 -

UNE ATTENTION CONTRÔLÉE MÈNE À LA MAÎTRISE
selon Judith Williamson

« Chaque fois que vous commencez à vous sentir nonchalant et démotivé, posez-vous la question à savoir ce qui donne un sens à votre vie? Plus souvent qu'autrement, la réponse que vous obtiendrez vous indiquera ce que vous devez faire pour vous laisser gagner à nouveau par l'enthousiasme. »

– Mark Sanborn

Avez-vous déjà pris des photos? Êtes-vous photographe? Peu importe vos compétences, je pense pouvoir dire que vos photos les plus réussies ont été réalisées lorsque vous avez pris le temps de faire une bonne mise au point. En réglant la position de votre lentille, l'image du sujet est devenue beaucoup plus nette et ressemblante à celle que vous aviez déjà à l'esprit. À mesure que vous travailliez à saisir dans un cadre ce que vous voyiez déjà dans votre esprit, votre photo « s'est développée » et a pris forme. Aussi, il est intéressant de constater que la réalisation de nos objectifs à court et à long terme ne diffère pas vraiment de la technique de prise de photos.

Plus vous mettez au point votre stratégie, et plus les résultats obtenus sont remarquables. Il faut une attention contrôlée pour focaliser en tout temps. Une fois que nous maîtrisons cette technique, l'application de ce principe nous fait passer au niveau de maître dans notre domaine de prédilection. Pour faire un excellent travail, nous devons nous concentrer uniquement sur la tâche que nous accomplissons, peu importe qu'il s'agisse de dactylographier une lettre, faire cuire un gâteau, conduire la voiture, peindre un chef-d'œuvre ou semer un jardin. La mise au point implique d'aligner activement notre intelligence sur le résultat attendu.

Vous souvenez-vous lorsque votre enseignant à l'école vous enjoignait fortement d'être attentif? Le but de ce commandement était de vous sortir de votre rêverie et vous ramener à la réalité. Il y a un temps et un endroit pour suivre son imagination créatrice, mais ce n'est pas lorsque vous tentez de réussir dans un autre domaine, tout aussi important. Lorsque vous consacrez toute votre attention à la tâche que vous accomplissez, vous indiquez à votre conscient que vous avez le contrôle de la situation. Autrement, lorsque vous faites preuve de faiblesse et que nous n'êtes pas concentré, vous n'êtes pas à la barre de votre navire. Personne n'assure votre surveillance et un désastre pourrait survenir n'importe quand.

Pratiquez-vous en focalisant pendant certaines périodes de temps. S'il y a une tâche que vous hésitez à accomplir, dites-vous que vous allez vous y mettre pendant 15, 30, ou 60 minutes. Vous fixez le temps qui vous convient au début. Ensuite, exécutez la tâche durant le temps convenu. Plus vous vous sentirez confortable à contrôler votre temps et parviendrez à des résultats positifs, plus vous réaliserez qu'en vous concentrant sur votre objectif, vous restez à la barre de votre navire et vous vous guidez vers la destination choisie.

Alors, focalisez continuellement, et vous verrez que le périple de votre vie atteindra exactement la destination que vous avez déterminée au point de départ. Vous êtes la seule personne qui puisse l'accomplir.

UNE ATTENTION CONTRÔLÉE MÈNE À LA MAÎTRISE *selon Napoleon Hill*

Une attention contrôlée mène à la maîtrise de n'importe quelle entreprise humaine parce qu'elle nous permet de focaliser sur les pouvoirs de notre esprit en vue de l'atteinte d'un objectif précis et de la conserver ainsi à volonté. Une attention contrôlée est une maîtrise de soi au plus haut point, car c'est un fait connu, la personne qui peut contrôler son propre esprit peut contrôler tout ce qui se présente sur sa route.

Harriet Beecher Stowe se référait à ce genre de contrôle lorsqu'elle affirma :

> *« Lorsque vous vous trouvez dans une situation critique, et que rien ne va plus, à un point où vous ne croyez plus pouvoir tenir le coup, n'abandonnez jamais puisque c'est à ce moment précis que le vent va tourner. »*

Le cours des événements change toujours lorsque nous sommes déterminés à ce que ce soit ainsi. Votre état d'esprit finit par faire renverser la vapeur. Platon exprima la même idée lorsqu'il déclara :

> *« La première et la meilleure victoire est la conquête de soi; l'opposé est une honte et une bassesse. »*

Francis Parkman a démontré sa compréhension des pouvoirs de l'esprit, et tout spécialement le pouvoir à notre portée grâce à l'attention contrôlée lorsqu'il écrivit :

> *« La personne qui veut accomplir de grandes choses dans sa courte vie doit s'y appliquer en déployant toutes ses forces afin de sembler déséquilibré aux yeux de ceux qui passent leur vie dans l'oisiveté et qui ne cherchent qu'à s'étourdir et se divertir. »*

Washington Irving témoigna son respect envers la puissance de l'esprit lorsqu'il dit :

> *« Les grands esprits ont des buts, les autres n'ont que des vœux. Les petits esprits sont matés et soumis par le malheur, tandis que les grands esprits s'élèvent au-dessus. »*

L'attention contrôlée que nous obtenons par la concentration nous confère une puissance prodigieuse et elle est porteuse d'un potentiel phénoménal. De plus, lorsque nous nous fixons un but précis, notre puissance s'accroît et devient encore plus grande et plus extraordinaire. Dans les deux mots « attention contrôlée » se trouvent cachée une étonnante puissance qui vous permettra de dépasser toutes les limites que vous vous êtes imposées et que la plupart des gens acceptent ou gardent dans leur esprit, et qui finissent par régir leurs vies.

Source : *PMA Science of Success Course*, p. 334 et 335.

- 29 -

QUE CHOISIREZ-VOUS?
selon Judith Williamson

« Il y a suffisamment de mal dans le monde, alors sans direction morale précise, vous pourriez être amené à poser des actions très destructrices qui pourraient paralyser votre sens de la moralité. »

– Eliezer A. Alperstein

Pourquoi enseigner aux enfants les pénalités que la vie offre lorsque vous pourriez tout aussi bien leur parler de ses récompenses? Une éducation basée sur la peur est négative, et une éducation basée sur la foi est positive. En mots simples, cela veut dire que peu importe si nous avons peur ou avons la foi, c'est ce à quoi nous nous attendons qui va se produire. Nos attentes créent notre réalité. Nous choisissons de créer notre caractère qui, à son tour, crée notre destin. Même s'il s'agit d'un concept facile à énoncer, il n'est pas facile à comprendre, à intérioriser et à mettre en pratique.

Lorsque nous examinons les polarités de l'existence, c'est-à-dire le pôle nord et le pôle sud, l'entrée et la sortie, le oui et le non, le négatif et le positif, l'émotion et la connaissance, la peur et la foi, l'homme et la femme, le jour et la nuit, et ainsi de suite, nous pourrions nous demander si l'un n'est pas nécessaire pour nous faire apprécier l'autre.

Et la réponse est oui. Lorsque nous choisissons le bon côté des choses, nous devons aussi accepter le mauvais côté. En allumant une chandelle, nous devons aussi faire face à la noirceur. Même si on préfère le rire, nous devons aussi savoir en quoi consistent les pleurs. De même, si nous voulons être positifs, nous devons tourner le dos au côté négatif des choses.

Lorsque les enfants apprennent à faire des choix, il est nécessaire qu'ils comprennent les conséquences de leurs choix. S'il suffisait de dire aux enfants d'être bons pour qu'ils puissent obéir, alors le monde serait un endroit où il ferait bon vivre. Il arrive parfois que les enfants et les adultes sont récompensés pour de mauvaises actions qu'ils ont accomplies, et ils adoptent des comportements qui vont attirer l'attention, des soins et une considération spéciale. Les parents doivent être prudents de ne pas récompenser ce genre de mauvaises actions. Ils devraient donner des récompenses à leur enfant si ce dernier a fait un bon choix, et non si ses choix lui ont permis de truquer le résultat.

Napoleon Hill a déclaré que l'Univers détestait la passivité et le vide. Une bonne pratique pour vous permettre de récolter les récompenses de la vie serait de vous impliquer activement à réaliser votre mission de vie! Il suffit d'entreprendre des étapes positives dans la direction de votre choix et de faire quelque chose pour remplir l'espace vacant en cours de route. Cela pourrait vous amener à récolter les récompenses de la vie. N'avons-nous pas vu les grands de ce monde le faire? Serait-ce aussi simple que de déceler un besoin et de le combler? Je crois que oui.

Alors, cette semaine, votre devoir consiste à vous rapprocher des récompenses de la vie en décelant un besoin et en le comblant. Vous pourriez très bien commencer par remplir le bol d'eau de votre chien et aller jusqu'à faire ce qu'une de mes amies a fait, c'est-à-dire prononcer un témoignage émouvant au service funèbre d'une amie. Même si Annedia a admis n'avoir jamais fait une chose pareille dans le passé, elle a planifié de faire de son mieux pour raconter certains épisodes de la vie de son amie afin d'aider les gens à apprécier la beauté d'une vie jalonnée de moments parfois mémorables et parfois tristes. Peu importe ce que vous déciderez d'accomplir, rappelez-vous de ne pas vous laisser freiner par les conséquences de la vie. Soyez plutôt stimulé par les récompenses de la vie pour vous amener à un niveau supérieur de performance Vous serez alors récompensé en intérêts composés!

QUE CHOISIREZ-VOUS?
selon Napoleon Hill

Il y a deux choses que la nature n'accepte pas et qu'elle pénalise fortement :

(a) le vide (le néant) et
(b) la paresse (l'inactivité).

Cessez de faire toute activité physique et vous verrez les muscles de votre corps s'ankyloser et s'étioler. Attachez l'un de vos bras au côté de votre corps et empêchez-le de bouger. Avec le temps, il dépérira et deviendra inutile. La même loi qui régit les autres parties du corps gouverne également le cerveau, là où les vibrations des pensées sont organisées et relâchées.

« Un esprit positif trouve toujours
une façon d'accomplir une tâche,
tandis qu'un esprit négatif cherche
toutes les raisons possibles pour prouver
qu'elles ne peuvent pas être accomplies. »

Soit que vous utilisiez votre cerveau pour diriger vos pensées et obtenir ce que vous désirez, soit que la nature intervienne et l'utilise pour vous faire connaître des circonstances indésirables. Dans cette situation, vous avez le choix : vous maîtrisez la puissance de votre mental ou vous la laissez être influencée au gré de la chance et de circonstances non désirées. Par contre, vous ne pouvez pas rester là sans bouger et échapper à l'influence de deux enveloppes scellées.

La nature vous aide à focaliser sur ce que vous désirez. Elle vous permet aussi de créer votre propre plan afin de réaliser vos désirs. Elle couronne tous vos efforts de bienfaits se trouvant dans l'enveloppe scellée sur laquelle est écrit le mot « Récompenses ». Par contre, elle n'accepte pas la paresse et la pénalise partout où elle règne.

De cette vérité est né l'adage suivant : « Le succès attire encore plus de succès, tandis que l'échec attire encore plus d'échecs. » Voilà une vérité que vous avez sûrement eu l'occasion d'observer à maintes occasions et cela même si vous n'avez pas encore analysé pourquoi les choses se produisent ainsi.

Si vous mettez votre esprit au travail en adoptant une attitude mentale positive et que vous croyez que vous avez le droit de réussir, alors votre croyance vous guidera infailliblement vers ce que vous définissez comme étant une réussite. Si vous adoptez une attitude mentale négative et cultivez des pensées de peur et de frustration, alors votre esprit vous attirera les conséquences sous-jacentes à ces pensées indésirables.

Vous pouvez décider de ne faire aucune tentative pour maîtriser et diriger votre esprit, le laissant complètement ouvert à n'importe quelle influence qui se présentera, et vous recevrez ainsi ce qui se trouve dans la deuxième enveloppe scellée, soit les « Conséquences » que vous devrez assumer pour avoir négligé de prendre le contrôle de votre esprit et de le diriger.

Maintenant, ouvrons ces deux enveloppes scellées afin de découvrir ce qu'elles contiennent :

RÉCOMPENSES

(Pour toute personne qui prend le contrôle de son esprit et le dirige afin de réaliser des objectifs souhaitables.)

a. Bénéficier du privilège d'être placé sur la route du succès qui n'attire que des circonstances propices à réussir.

b. Jouir d'une bonne santé autant physique que mentale.

c. Connaître la sécurité financière.

d. Faire un travail que vous aimez et qui vous permet de vous exprimer.

e. Jouir de la tranquillité d'esprit.

f. Avoir une foi absolue qui rend la peur impossible.

g. Entretenir des amitiés durables.

h. Connaître la longévité et mener une vie bien équilibrée.

i. Être protégé contre toute forme d'autolimitation.

j. Acquérir la sagesse de se comprendre et de comprendre les autres.

CONSÉQUENCES

(À assumer par toute personne qui ne prend pas le contrôle de son esprit et qui ne le dirige pas pour réaliser des objectifs souhaitables.)

a. Connaître la pauvreté et la misère tout au long de votre vie.

b. Développer des maladies mentales et physiques de toutes sortes.

c. Expérimenter l'autolimitation qui vous lie à la médiocrité tous les jours de votre vie.

d. Éprouver la peur sous toutes ses formes disgracieuses.

e. Ressentir de l'aversion pour le travail que vous faites pour gagner votre vie.

f. Attirer plusieurs ennemis et très peu d'amis.

g. Alimenter toutes les sortes d'inquiétude que l'homme puisse imaginer.

h. Être une victime de toutes les influences négatives que vous rencontrez.

i. Être soumis au contrôle et à l'influence des gens qui vous entourent selon leur volonté.

j. Mener une vie gaspillée qui n'apporte rien à l'amélioration du genre humain.

Ces listes sont incluses dans le catalogue des récompenses et des conséquences. Laquelle des deux choisirez-vous pour mener votre vie?

Source : *PMA Science of Success Course*, p. 221, 222 et 223.

- 30 -

PRENDRE RAPIDEMENT UNE DÉCISION
selon Judith Williamson

« J'ai déjà entendu dire que, du point de vue moral, s'il fallait se demander si quelque chose était bien ou mal, il y avait de fortes chances que ce soit MAL. »

– Greg Reid

Est-ce que le fait d'avoir à prendre une décision vous empêche de réussir? Est-ce que vous procrastinez quand vient le temps de décider comment vous allez procéder? Continuez-vous à peser le pour et le contre du résultat probable? Vous retrouvez-vous pris au beau milieu du processus de décision?

Si vous êtes anxieux, stressé, étourdi et incapable de vous concentrer, vous avez besoin d'une véritable métamorphose pour savoir comment prendre une décision et vivre avec les conséquences. Corrigez cette faiblesse de votre profil de personnalité et ainsi votre ancienne personnalité s'améliorera grandement.

Napoleon Hill a identifié l'incapacité à prendre une décision comme un facteur crucial influant sur la réussite des gens. Il déclare que l'une des principales causes de l'échec est « l'incapacité à prendre des décisions rapidement et résolument lorsque tous les faits nécessaires pour les prendre sont à notre portée ». Une fois que vous avez recueilli tous les renseignements nécessaires et que vous les avez classés comme « importants » ou « insignifiants » par rapport à la décision que vous devez prendre, à ce moment précis, vous devez prendre une décision et ne jamais retourner en arrière. C'est comme conduire une voiture. Lorsque vous décidez de vous diriger vers le sud, il est impossible d'avancer si, à chaque minute, vous mettez continuellement le véhicule en marche arrière. Dans ce genre de situation, au mieux, vous avancerez petit à petit jusqu'à ce que vous soyez éventuellement bloqué sur l'autoroute de la vie.

Soyez déterminé à prendre une décision maintenant. Fixez-vous un délai raisonnable. Recueillez les renseignements nécessaires. Classez ces renseignements. Révisez vos découvertes. Prenez une décision.

Certains experts en la matière disent qu'il est préférable de prendre une décision même si ce n'est pas la bonne que de ne pas en prendre. Ainsi, ce simple fait est tout à fait vrai parce que vous êtes maintenant passé d'une personne qui regardait la parade passer à celle qui fait partie de la parade. Lorsque vous prenez une décision, vous permettez aux forces de l'Univers de se déployer en votre faveur. Vous devenez un aimant attirant à vous toutes les ressources qui manifestent votre décision.

Je me demande bien quelle décision vous allez prendre? Tout compte fait, vous êtes la personne qui contrôle ses décisions. Les décisions créent les résultats. Alors, décidez d'en créer de bons.

PRENDRE RAPIDEMENT UNE DÉCISION
selon Napoleon Hill

Observez les gens lorsque vous en aurez la possibilité et vous remarquerez que ceux qui sont incapables de se décider ne sont pas populaires et qu'ils ne réussissent pas bien dans la vie. Jusqu'à quel point serez-vous charmé par un ami qui n'arrive pas à se décider s'il va se joindre à vous ou pas pour faire une activité quelconque? Une telle personne vous désavantage vraiment. Vous lui avez demandé sa participation et vous avez sincèrement le goût de faire ce que vous avez en tête. L'indécision de la personne vous empêche de demander à quelqu'un d'autre de vous accompagner et vous laisse dans la position défavorable de ne pas savoir si vous pourrez aller de l'avant avec votre projet.

Une prise de décision rapide aide à développer une personnalité plaisante. Il s'agit d'un trait fondamental que l'on retrouve chez toutes les personnes qui réussissent. C'est une habitude qui peut s'acquérir par l'autodiscipline. Une prise de décision rapide se développe par l'entremise d'une attitude mentale positive basée sur la confiance, la pensée constructive et l'assurance. Comme vous le remarquerez rapidement, cette habitude est liée étroitement au fait d'avoir un but précis, ce qui est en somme le point de départ de toute réalisation.

Nous vivons dans un pays où la réalisation personnelle est possible à grande échelle en raison du très grand nombre d'occasions offertes dans tous les domaines. Par contre, les opportunités n'attendent pas les gens. La personne qui réussit est celle qui est à l'affût des opportunités et qui est capable de prendre des décisions rapidement pour mieux les saisir.

Source : *PMA Science of Success Course*, p. 169 et 170.

- 31 -

DES ÉLÉMENTS DE BASE QUI CONSTITUENT UN GÉNIE
selon Judith Williamson

« Comme vous le savez déjà, il y a une différence entre souhaiter quelque chose et être prêt à le recevoir ou l'acquérir. Quelle est la différence, vous me demanderez? C'est la foi. Tant que vous ne croyez pas que quelque chose est possible, elle est impossible. »
– Richard Krasney

« Rien n'arrive par hasard. Vous devez faire avancer les choses, y compris votre réussite individuelle. La réussite est le résultat direct d'une action précise, planifiée attentivement et accomplie avec ténacité par la personne ayant conditionné son esprit pour la réussite, car elle croit qu'elle va l'atteindre. »
– Napoleon Hill

Les clés magiques de la réussite (basées sur les principes de Napoleon Hill)

1. **Appuyez sur le bon commutateur** – (une attitude mentale positive). Ayez toujours la **bonne** attitude en toute circonstance. C'est le principe préféré de M. Stone. Une bonne image mentale à garder en tête est de se rappeler que rien ne pourra se réaliser si vous n'appuyez pas sur le commutateur! Alors, faites briller votre lumière intérieure.

2. **Présentez-vous même si vous n'êtes pas prêt** - (faites le kilomètre supplémentaire, un bijou de principe!). C'est le principe préféré de Carnegie. Il a déclaré que c'est ce principe qui l'a aidé à devenir la personne à succès qu'il est devenu et dont on connaît la réussite phénoménale dans le domaine des affaires. Abraham Lincoln a écrit le discours de Gettysburg à l'endos d'une enveloppe une heure avant de le prononcer, mais sa **VIE** transpirait dans chacun des mots. C'est bien connu, la victoire est concédée à ceux qui se présentent! Et plus important encore, dès votre réveil, chaque matin, décidez de vivre intensément cette nouvelle journée!

3. **Ne partagez pas** –vos problèmes. Partagez les solutions. (Une coalition de travail d'équipe et de « cerveau collectif »). Soyez une personne qui dit : « oui et... », et non « oui, mais... » lorsqu'on vous propose une nouvelle idée. Personne n'est intéressé à vous entendre parler de vos problèmes en tant que tels. Ils s'engagent seulement lorsqu'ils constatent que vous arrivez à surmonter des problèmes insurmontables en trouvant des solutions créatrices. Concentrez-vous sur les opportunités qui vous permettent de solutionner les problèmes.

4. **Offrez des récompenses** –Anticipez plutôt que de vous inquiéter. (La vision créatrice). Impliquez vos sens. Cette technique pourrait bien être la clé pour déverrouiller les mémoires. Thomas Edison n'a pas pris seulement 20 minutes pour créer la valeur de la lampe à incandescence. Il a passé des décennies de sa vie à chercher le filament approprié. Prodiguez de l'encouragement aux personnes engagées avec vous en leur offrant des récompenses et en leur promettant davantage d'incitatifs une fois que leur bon travail sera complété. Les gens s'engageront à travailler avec vous, cœur et âme. Et cela

fonctionne tout aussi bien pour vous. Tenez un pari avec vous-même! Intégrez une sorte de récompense progressive pour vous motiver et le rester jusqu'à ce que vous ayez atteint votre objectif.

5. **Soyez joyeux** –La joie élimine la tristesse tout comme la lumière chasse la noirceur. (La foi absolue). N'oubliez pas que la peur est l'inverse de la foi. Souriez, ayez de l'humour, laissez le massage intérieur du rire vous faire sentir plus vivant et vibrant de l'intérieur vers l'extérieur.

6. **Demandez en quoi vous pouvez aider** – Donnez pour donner, et non pas pour obtenir. (Les lois cosmiques). Soyez courtois. Invoquez la loi de la compensation d'Emerson qui dit que l'on récolte ce que l'on a semé. Donnez quelque chose à quelqu'un qui en a besoin aujourd'hui, ne serait-ce qu'un sourire ou un compliment, mais donnez librement et consciemment, sans rien attendre en retour.

7. **Gardez toujours vos rêves vivants** – (Un but précis). Où se trouve la magie? Elle est à l'intérieur de vous. C'est probablement le dernier endroit où vous auriez cru la trouver. Elle se rapporte au principe le plus important selon le docteur Hill, c'est-à-dire viser un but précis. Poursuivez un rêve, caressez-le, élaborez un plan pour arriver à le concrétiser et aussi confiez-le à l'Univers entier pour qu'il fasse partie de votre plan.

Positionnez-vous du bon côté de votre cerveau (attitude mentale positive). Ressentez l'esprit de votre rêve à l'intérieur de vous (savourez les récompenses), et votre réussite se concrétisera tout comme le printemps se présente toujours après l'hiver. Quand l'hiver est là, le printemps n'est plus tellement loin! Nous sommes tous les témoins d'une beauté incomparable de la nature qui nous entoure, pourquoi ne pourrions-nous pas nous créer un monde d'une beauté tout aussi incomparable?

DES ÉLÉMENTS DE BASE QUI CONSTITUENT UN GÉNIE *selon Napoleon Hill*

Tout but, plan ou désir dominant soutenu par la foi est récupéré par le subconscient et est mis à contribution sur-le-champ.

Lorsque le cerveau est stimulé par un désir brûlant, il prend du pouvoir directement du subconscient, et lorsqu'il est soutenu par le pouvoir de la foi, il peut créer une conviction d'une telle force que l'idée d'un échec possible est complètement écartée. Voilà ce qu'est le génie! Le génie peut être développé par quiconque se trouvant en possession de facultés mentales normales.

Bon nombre de gens ont la mauvaise impression que ce sont certains genres de personnes dans le monde qui peuvent être reconnus comme des génies. Les éléments nécessaires qui constituent un génie ont été découverts il y a longtemps et il est maintenant connu que les gens qui sont qualifiés de prodigieux génies n'ont aucun pouvoir que vous ne possédez pas déjà. Ce sont des personnes qui ont toujours respecté consciemment et subconsciemment des principes de base qui font en sorte qu'ils semblent avoir un pouvoir singulier. Voici les éléments de base du génie déterminés à partir d'une analyse exhaustive de la vie des gens parmi les plus remarquables de ce pays.

Le premier élément est le sujet de la présente leçon. Il s'agit de viser un but précis. Un génie sait ce qu'il veut dans la vie. Les génies d'aujourd'hui sont occupés en ce moment. Ils travaillent à atteindre leurs objectifs, et cela, sans perdre une minute.

Le deuxième élément est la foi absolue. Il ne s'agit pas d'une foi tiède, mais d'une foi absolue concentrée vers l'atteinte d'un but précis. La foi est basée sur un but précis à atteindre.

Le troisième élément est quelque chose de contagieux qu'on appelle l'enthousiasme et vous devriez décider de vivre avec enthousiasme. L'enthousiasme est l'expression d'une certaine vitalité dynamique dans votre façon de marcher, de parler et d'agir. C'est la résultante de votre motivation, de votre magnétisme physique et de votre énergie. C'est la lumière qui se dégage de vos yeux, le timbre vibrant de votre voix et la vigueur de votre poignée de main. C'est l'élément qui peut vraiment allumer votre désir et en faire littéralement un désir brûlant. C'est une qualité qui doit être contrôlée et « allumée/éteinte » au bon moment.

Le quatrième élément est l'imagination. C'est l'activité du cerveau qui rend possible toute création de nouvelles idées. Sans l'imagination, rien de nouveau ne serait jamais créé. L'imagination doit aussi être contrôlée et dirigée. Elle est habituellement plus productive lorsqu'elle est activée par un objectif spécifique ou un but précis.

Le cinquième élément est le motif. Vous connaissez déjà les dix motifs de base dont nous avons déjà parlé. Aucune personne saine d'esprit ne fait quelque chose sans raison évidente. Il doit y avoir une raison sous-jacente à chaque action.

Le sixième élément est l'initiative personnelle soutenue par une action intense. Vous ne serez jamais un génie si vous ne prenez pas l'habitude de faire ce qui doit être fait avant que quelqu'un vous le demande. L'initiative personnelle est l'élément déclencheur et elle doit être maintenue en bonne forme afin de l'utiliser instantanément. Une autre façon de déterminer l'initiative personnelle pourrait être : l'habileté de voir les choses telles qu'elles sont et de faire les choses comme elles devraient être faites.

Le septième élément est l'habitude de faire un kilomètre supplémentaire. Vous ne serez jamais un génie si vous ne prenez pas l'habitude de faire davantage et mieux que ce pour quoi vous êtes payé, et cela, à chaque jour de votre vie.

Le huitième élément est de créer un « cerveau collectif » avec d'autres personnes. Le nombre de personnes dans ce groupe dépend de ce que vous désirez accomplir. Pour atteindre votre but dans la vie, vous n'aurez peut-être pas besoin de plus de six ou douze d'entre elles, ou même une seule personne. Par contre, si vous voulez être un génie, vous devrez apprendre à utiliser la puissance du génie d'autres personnes.

Le neuvième élément, et le dernier, est sans doute le plus important. Vous avez probablement deviné qu'il s'agit d'entretenir une attitude mentale positive en tout temps. Vous ne serez jamais un génie si vous ne pensez pas positivement, et ne gardez pas cet état d'esprit volontairement. Sans une attitude mentale positive, vous ne pourrez jamais accéder aux autres éléments du génie.

Source : *PMA Science of Success Course*, p. 29 et 30.

- 32 -

DES STIMULANTS EFFICACES
selon Judith Williamson

« Peu importe l'endroit où vous vous trouvez ou la situation qui se présente, il est important de toujours traiter les autres avec bonté. Vous ne saurez jamais quelle énorme différence cela peut faire jusqu'à ce que vous l'essayiez. »

– Kip Davis

Lorsque vous essayez d'être gentil, est-ce que cela vous retombe sur le dos? Êtes-vous remis à votre place ou est-ce que les gens profitent de vous? Les gens refusent-ils votre aide ou vous traitent-ils comme si le fait d'être leur serviteur est censé être votre but dans la vie? Si c'est le cas, savez-vous comment imposer vos limites pour ne pas finir comme un paillasson usé?

Il y a trois facteurs que vous devriez considérer lorsque vous décidez de faire de bonnes actions. Tout d'abord, il faut vouloir aider. Ensuite, il faut donner l'aide qui convient. Finalement, la personne que vous aidez ne doit pas se sentir écrasée. Avant de donner, vous devez comprendre la nature de ce processus du point de vue de la personne qui reçoit. Regardons ensemble les trois étapes requises pour qu'aider soit aussi avantageux pour vous que pour les autres.

1. **Pour quelle raison voulez-vous aider?** Lorsque vous répondez à cette question, assurez-vous que votre motif est

tout à fait honorable, sans intention cachée. Bien souvent, les gens cachent des motifs égoïstes derrière leur désir de faire le bien, et cela vient annuler le « karma » d'un motif pur. Par exemple, si vous faites le bien en pensant à votre gain personnel, votre bonté n'a pas la même importance parce que la personne à qui vous donnez ne reçoit pas tous les bienfaits de votre générosité. Lorsque vous regardez tout d'abord ce que vous avez à retirer, vous ne donnez pas pour donner, mais vous donnez pour recevoir. En pensant toujours à la personne à qui vous donnez en premier lieu, et à la façon de l'aider, vous devriez idéalement éliminer tout motif égoïste ou du moins faire en sorte qu'il passe en second lieu.

2. **Quelle est la bonne façon d'aider?** Regarder les choses uniquement à partir de votre point de vue peut vous causer des ennuis. Ce qui peut être approprié pour vous peut être totalement inadéquat pour quelqu'un d'autre. Par exemple, lorsque vous présumez que quelqu'un a besoin de votre aide, il est préférable de vérifier tout d'abord si la personne a vraiment besoin de votre aide. Lorsqu'il est question de préférences, bien souvent, les gens préfèrent tout simplement faire les choses à leur façon. Prenons l'exemple de la conduite automobile. Vous préférez peut-être prendre l'autoroute pour arriver plus rapidement à destination. Cependant, votre ami préférera les routes secondaires pour profiter du paysage et faire une promenade relaxante dans la nature. Quelle route est la meilleure? Les deux le sont. Si vous conduisez un ami pour lui faire une faveur, vous devriez prendre la route qu'il préfère plutôt que la vôtre. Vous profiterez ainsi tous les deux de la promenade.

3. **Est-ce que vous écrasez la personne que vous aidez?** L'horloge interne de chaque personne est différente. Ce qui peut paraître comme le bon moment pour vous peut être tout à fait différent pour quelqu'un d'autre. Évaluez vos gestes de bonté selon la réaction de la personne que vous aidez. N'étouffez pas la personne avec votre générosité tout simplement parce que vous vous sentez bien quand vous

l'aidez. Obéissez plutôt au signal que la personne qui reçoit vous donne. Si elle vous indique que c'est suffisant alors, arrêtez. Ne continuez pas à aller de l'avant parce qu'alors vous manqueriez de bonté. Être trop ambitieux est un signe d'égocentrisme et non de bonté. Sachez quand vous arrêter.

C'est en appliquant ces règles pratiques avant d'exercer vos actes de bonté que vous pourrez agir dans l'unique intérêt de la personne et non le vôtre. Voilà ce qu'est la bonté en action. Comme l'adage le dit : « Pour avoir un ami, il faut en être un. »

DES STIMULANTS EFFICACES
selon Napoleon Hill

L'amitié est un élément de motivation extrêmement puissant. Il y a des gens qui réfléchissent mieux lorsqu'ils parlent de leurs problèmes avec d'autres. L'amitié peut être une source de nouvelles idées, une façon de connaître différentes perspectives et d'obtenir du soutien autant intellectuel que moral. Avoir du plaisir avec des amis est un excellent moyen de combattre le stress. Le rire agit sur le corps tout entier et vient chatouiller chacune de nos cellules en leur apportant une vitalité renouvelée.

Une relation étroite et chaleureuse entre un parent et son enfant crée une influence incroyable en rapport avec la formation du caractère d'un enfant. C'est vraiment dommage que les parents ne consacrent pas suffisamment de temps et d'énergie pour développer ce genre de relations.

L'amitié qui grandit parfois entre un amant de la nature et la faune ailée ainsi que les animaux sauvages est une relation très profonde. La plupart des créatures de la forêt reconnaissent instinctivement les personnes qui aiment la faune et elles leur témoignent volontairement leur confiance.

Le mot « amitié » contient plus qu'un simple rapport social entre des personnes. L'amitié rapproche les âmes des gens et elle accroît la confiance, inspire le courage, l'enthousiasme, favorise l'imagination et l'initiative personnelle comme nulle autre chose le peut.

Les « cerveaux collectifs » sont de puissants stimulants pour l'esprit. La preuve est d'ailleurs faite que tous les hommes qui réussissent, peu importe le domaine, font inévitablement partie d'un tel groupe.

Le pouvoir potentiel qui peut être obtenu en utilisant le principe du « cerveau collectif » s'explique par le fait que les cerveaux de plusieurs personnes sont réunis et qu'ils concentrent leur pouvoir combiné à atteindre un but précis. Il procure également les moyens par lesquels les seize autres principes de cette philosophie peuvent être organisés et dirigés comme s'ils étaient une force unique en vue de la réalisation d'un dénouement spécifique.

Le principe du « cerveau collectif » est le moyen de combiner le stimulus de plusieurs cerveaux afin de les diriger pour atteindre un but précis. De plus, il fait partie des plus puissants stimuli de l'esprit.

Dans des périodes d'extrême urgence, une souffrance mutuelle peut procurer à l'esprit un stimulant d'une proportion gigantesque. La souffrance mutuelle crée l'effet d'amener les gens à consolider la puissance de leur esprit en utilisant le principe d'un « cerveau collectif » afin de le diriger vers l'atténuation de leur souffrance.

L'autosuggestion est le moyen par lequel chaque personne stimule continuellement son esprit. Malheureusement, la plupart des stimuli qui atteignent le cerveau de la personne moyenne par l'autosuggestion sont de nature négative. Ils sont des pensées de condition et de choses non désirées comme la peur, l'inquiétude, la haine, l'envie, l'avidité et la superstition.

Source : *PMA Science of Success*, p. 455 et 456.

- 33 -

VOTRE FONDS DE LIBERTÉ PERSONNELLE

selon Judith Williamson

« À chaque jour, nous n'avons vraiment qu'un seul choix à faire et c'est de se poser la question suivante : suis-je en train de faire ou de dire cela par amour ou par peur? »

– Brad Justice

Il n'est jamais trop tard dans l'année pour réviser vos objectifs et constater les progrès que vous avez faits. Aujourd'hui est un aussi bon moment pour entreprendre un nouveau projet que ne l'était le début de la nouvelle année.

Pourquoi ne pas vous donner un petit élan en entreprenant une action par rapport à un but qui vous tient à cœur depuis longtemps, mais que vous n'avez pas poursuivi avec suffisamment d'intensité? Ça n'a pas besoin d'être une grosse poussée, mais seulement de passer à l'action pour vous propulser sur le chemin de la réussite. Ce pourrait être un jeu que vous jouez avec vous-même en mettant votre monnaie dans une tirelire en prévision d'un voyage spécial ou l'ouverture d'un nouveau compte d'épargne pour y déposer une partie de votre salaire hebdomadaire afin de financer un rêve futur. Que votre objectif soit ambitieux ou modeste, en commençant dès aujourd'hui, vous le réaliserez beaucoup plus rapidement. Défiez-vous en vous projetant dans l'avenir et en passant à l'action quotidiennement afin de vous rapprocher de la réalisation de votre objectif.

« Si vous ne réussissez pas à planifier, vous planifiez d'échouer » est un adage qui devrait être gardé en tête. Planifier n'est certainement pas une tâche ardue, mais il y a des gens qui ne réussissent pas à planifier parce qu'ils appréhendent le fait de mettre leurs idées sur papier. Le seul fait d'écrire quelque chose vous permet de passer du stade de souhait à celui d'action. Cette simple action avertit votre subconscient que vous aspirez à un but et que vous vous attendez à ce qu'il se passe quelque chose.

En planifiant vos objectifs et en les visualisant, vous établissez un schème de comportement qui, une fois répété, crée une case dans votre cerveau qui vous amène vers la réalisation de votre objectif ultime. Il faudra peut-être des centaines ou des milliers de répétitions, mais lorsque l'objectif sera atteint, vous aurez l'impression que cela s'est produit spontanément. En rétrospective, vous saviez que cela allait se réaliser, mais tout d'abord, vous deviez créer, nourrir et développer l'idée dans les limites de votre subconscient avant qu'elle ne puisse évoluer.

Voici une simple idée d'un poème que Napoleon Hill aimait bien citer. Levez vos rames, hissez les voiles et ordonnez à votre destin de se manifester.

Je n'attendrai pas que mon navire,
Qui navigue sur quelque mer inconnue, n'arrive.
Je me construirai une embarcation, et de par les eaux,
J'irai naviguer résolument,

Jusqu'à ce que j'atteigne le port où je trouverai
Les cargaisons que d'autres attendent,
Et je recueillerai ce que la marée et le vent ont à offrir
À celui qui ose quitter le rivage.

– John Kendrick Bangs
(daptation libre)

VOTRE FONDS DE LIBERTÉ PERSONNELLE
selon Napoleon Hill

Voici l'histoire d'un jeune homme qui n'obtenait aucune reconnaissance de son employeur malgré le fait qu'il s'évertuait à appliquer le principe du kilomètre supplémentaire et qu'il pratiquait la règle d'or. Le jeune homme décida sagement de dire à son employeur de trouver quelqu'un d'autre pour prendre sa place. Mais comme la dépression sévissait, il n'avait pas les moyens de le faire avant d'avoir économisé de l'argent. Pendant une année complète, sa femme et lui se sont privés et ont économisé jusqu'à ce qu'ils aient quelques milliers de dollars en banque. Ensuite, le jeune homme fit exactement ce qu'il avait planifié faire durant cette longue année d'abnégation de soi.

Ce jeune homme continua à réunir des capitaux nécessaires à son projet et se lança en affaires comme concurrent de son ancien patron. Il réussit très bien. Il a depuis créé une tradition au sein de son entreprise d'interviewer personnellement chaque employé avant qu'il ne commence à travailler pour lui. Au cours de cette entrevue, il explique comment il a démarré son entreprise. Il dit au nouvel employé : « Si vous possédez les qualités que nous apprécions et que nous espérons voir chez vous, un jour, vous aurez inévitablement le goût de me dire que vous nous quittez, et bien sûr, nos chemins se sépareront.

Voilà pourquoi je veux que vous soyez prêt lorsque vous aurez ce sentiment d'urgence si fort que vous ne pourrez y résister. Alors, je veux que vous ouvriez un compte d'épargne immédiatement et que vous y déposiez un pourcentage de votre salaire chaque fois que vous recevez votre paie. Appelez-le votre fonds de liberté personnelle, ce sera ainsi plus agréable d'économiser. »

Vous pourriez parcourir le monde en vain pour trouver un groupe d'employés plus soudé qui respecte vraiment leur patron. Chacun possède son fonds de liberté personnelle et est en position de faire face à toute éventualité, comme par exemple, un transfert. Le patron le sait et il témoigne à ses employés tout le respect qui leur est dû pour ne pas perdre ses précieux collaborateurs. Il s'assure qu'ils n'invoquent pas d'excuse légitime de quitter leur emploi.

Cette histoire donne un tout autre sens au principe visant à parcourir un kilomètre supplémentaire en raison du sentiment partagé d'indépendance et de fierté qui s'en dégage. Ainsi, chaque collaborateur fournit un rendement maximal, l'entreprise enregistre des profits substantiels, les employés touchent des salaires substantiels et l'organisation n'a jamais été aussi puissante en raison du fort sentiment d'appartenance qu'elle a su développer.

Source : *PMA Science of Success Course*, p. 153 et 154.

- 34 -

L'ÉCHEC ET L'ADVERSITÉ
selon Judith Williamson

« En raison du travail que les officiels sportifs et les arbitres accomplissent, ils devraient être des élèves exemplaires des enseignements du docteur Napoleon Hill. »

– Rich Winograd

En tant que nation, les États-Unis d'Amérique sont très bons pour transformer les échecs et l'adversité en atouts. L'avenir de la nation ne dépend nullement des défaites qu'elle a subies, mais plutôt des échecs qu'elle a su surmonter. Il y a une leçon à tirer de chacune des défaites. En tant que nation, nous progressons lorsque nous apprenons non seulement comment affronter la tempête, mais y survivre et en retirer une leçon.

Cela est aussi vrai en ce qui concerne nos propres défauts. Chaque adversité comporte une leçon. Lorsque rien ne va plus, la meilleure façon de réagir est de se placer bien en face de la défaite et de la regarder droit dans les yeux. Il est alors même possible de reconnaître l'ennemi, car il est préférable de connaître notre adversaire que d'avoir à faire face à un fantôme. Dès qu'il est possible de lui donner un nom, il est alors possible de voir de quelle façon remédier à la situation.

En fait, dans une certaine mesure, notre malheur est causé par ce que nous devons apprendre de nos échecs et de nos défaites. Si nous connaissons la cause, nous pourrons prédire le dénouement. Il est peut-être trop tard pour améliorer la situation actuelle. Par contre, pour ce qui est de l'avenir, certaines actions pourraient changer les choses et apporter des résultats positifs plutôt que négatifs. Ne serait-ce que pour cette raison, il est bon d'étudier nos défaites dans le but de changer la forme de nos résultats.

Historiquement, les pays qui survivent sont ceux qui analysent les choix qu'ils ont faits dans le passé. Ainsi, des erreurs futures peuvent être évitées, et le passé peut être perçu comme une expérience d'apprentissage, et non comme une condamnation à mort.

C'est en changeant les pensées dominantes de votre esprit que vous pourrez changer l'issue de la situation à votre avantage tout comme un pays entier peut également le faire. Plus notre état de conscience s'élève, plus nous recevons de réponses. Les actions qui étaient jadis habituelles et répétitives peuvent devenir réfléchies et significatives. Lorsqu'une personne décide de s'arrêter et de penser, plusieurs autres peuvent faire la même chose et ainsi est créée une nouvelle forme de conscience supérieure.

Pour commencer, pensez aux choix que vous faites. Sont-ils choisis à l'aveuglette, par habitude ou vraiment réfléchis? Lorsqu'un choix est réfléchi, nous pouvons alors relier nos pensées à notre destin. C'est loin d'être une prise de conscience sans répercussion, car non seulement pouvons-nous transformer notre vie en sachant que nous devenons ce que nous pensons, mais nous pouvons aussi changer la vie de tous les habitants de la planète. Nous pouvons nous bâtir un meilleur avenir en survivant aux défaites les unes après les autres et tenter d'analyser ce qui les a provoquées au départ. Penser d'abord et agir par la suite est un bon principe auquel adhérer. Essayez de le mettre en œuvre et vous remarquerez une différence dans votre vie.

L'ÉCHEC ET L'ADVERSITÉ
selon Napoleon Hill

L'échec et l'adversité ont amené bien des gens à saisir des opportunités qu'ils n'auraient jamais reconnues dans des circonstances plus favorables.

L'attitude mentale d'une personne face à la défaite est un facteur d'une importance capitale. Cela déterminera si elle naviguera avec le courant de la fortune et de la réussite du côté du succès lorsqu'elle se trouve sur la Rivière de la Vie ou si elle sera balayée du côté de l'échec par des circonstances malheureuses.

Les circonstances qui séparent l'échec de la réussite sont souvent si obscures que leur cause véritable nous échappe. Souvent, elles existent uniquement dans l'attitude mentale de la personne qui subit temporairement une défaite. La personne qui affecte une attitude mentale positive réagit face à la défaite avec un esprit de détermination de ne pas l'accepter. La personne qui arbore une attitude mentale négative face à la défaite réagit avec un état esprit d'acceptation désespérée.

La personne qui maintient une attitude mentale positive peut posséder tout ce que son cœur désire tant et aussi longtemps qu'elle respecte les lois de Dieu et les droits de ses concitoyens. Elle subira probablement plusieurs défaites, mais elle y survivra. Elle les transformera en point de départ duquel s'élever toujours plus haut dans divers domaines d'accomplissement.

Le sujet de l'attitude mentale positive est si important qu'il a non seulement occupé le premier rang de la liste des douze plus grandes richesses de la vie, mais il fallait l'inclure en tant que partie importante du principe d'une personnalité plaisante. Il en a d'ailleurs été question dans chacun des principes de ce cours.

Une attitude mentale positive est une partie essentielle de la clé qui ouvre la porte vers la solution de tous les problèmes personnels. C'est la qualité magique de cette clé qui attire la réussite aussi sûrement que l'aimant attire les limailles de fer.

Le véritable secret derrière la formule qui vous permet de transformer la défaite en atout se trouve dans votre capacité à maintenir une attitude mentale positive, peu importe vos défaites.

Source : *PMA Science of Success Course*, p. 395 et 396.

- 35 -

UN AVERTISSEMENT IMPORTANT
selon Judith Williamson

« J'ai appris que mon but devait être précis et petit. Faites-le une étape à la fois et atteignez-le d'une façon naturelle. »

– Hansong Zhang

Comme vous le savez déjà, la philosophie de Napoleon Hill est reconnue et diffusée à l'échelle internationale. J'en ai le rappel quotidien chaque fois que notre assistant technique, Guang Chen, se présente au travail. Né à Shanghai en Chine, il habite maintenant la ville de Hammond dans l'État de l'Indiana avec son épouse Jing qui termine des études supérieures ici à la *Purdue University Calumet.* Alan « Guang » Chen travaille au centre d'apprentissage mondial *Napoleon Hill World Learning Center* depuis qu'il est étudiant diplômé en ingénierie.

Sur le campus, nous avons des centaines d'étudiants chinois qui sont venus étudier pour obtenir leur diplôme ce semestre et qui apprennent simultanément à connaître la culture américaine. Bon nombre d'entre eux étudient la philosophie du docteur Hill, car ils ont été initiés aux principes de la réussite en Chine et ils sont ravis de voir que des cours sur ce sujet sont également offerts ici.

L'un de ces étudiants est Hansong, et il est très studieux quand il est question d'études supérieures. Il a aussi gradué dans plusieurs de nos cours. Un de ses objectifs est d'en apprendre le plus possible au sujet de toutes les philosophies de motivation en matière de croissance personnelle. Il travaille assidûment afin d'intégrer les enseignements du docteur Hill dans son quotidien. En retirant l'essentiel de cette philosophie, Hansong est en mesure de faire le pont entre sa culture orientale et la pensée occidentale. Je ne peux faire autrement que de penser qu'il est en train d'accumuler des richesses qu'il pourra utiliser pour le reste de ses jours. J'ai été agréablement surprise de constater à quel point l'intégration des enseignements du docteur Hill ont pu être bénéfiques à un individu. Non seulement cet étudiant est-il intelligent et éduqué, il a aussi développé un esprit pratique face à son approche de la vie.

Nos étudiants chinois ont l'occasion de suivre le cours sur les clés de la réussite avec Alan qui leur enseigne dans leur langue maternelle. Ainsi, ces jeunes gens se préparent à vivre une vie des plus réussies et passionnantes. C'est un avantage et je souhaiterais que tous les étudiants en profitent. Ce n'est pas tellement important que toute la philosophie du docteur Hill soit perçue comme étant du gros bon sens et ce qui compte le plus c'est non seulement de la comprendre, mais surtout de l'adopter. Peut-être que c'est ce qui fait qu'un pays a un avantage appréciable par rapport à un autre.

À l'heure de l'économie globale et des frontières élargies, tout un chacun serait bien servi si chaque personne faisait preuve d'un peu de bon sens, d'un peu de courtoisie et de contact humain qui mènent vers une vie véritablement exceptionnelle. Hansong et Alan ont trouvé les principes qui les aident à suivre le chemin de leur réussite. Qu'en est-il des autres jeunes gens? N'est-il pas temps que quelqu'un prenne le temps de les arrêter et de discuter de ces principes avec eux? Peut-être pouvez-vous commencer à en parler à la maison et ensuite dans votre environnement? Si chacun de nous enseignait à une autre personne, la diffusion de cette philosophie augmenterait de façon exponentielle. Le monde sera enfin meilleur si nous réussissons à toucher un étudiant à la fois en leur enseignant les principes du docteur Hill.

UN AVERTISSEMENT IMPORTANT
selon Napoleon Hill

Tenez secret votre but précis dans la vie ainsi que vos plans pour l'atteindre. N'en parlez à personne sauf aux membres de votre « cerveau collectif », et bien sûr, à votre mentor. La raison pour laquelle vous devriez préserver le secret est que de continuellement parler de votre objectif et de vos plans à des gens qui ne sont pas vraiment intéressés dissipera votre pouvoir. Voici une petite ritournelle à se rappeler : « *La vapeur qui fait siffler la locomotive ne fera jamais démarrer son moteur* ».

Jetez un coup d'œil à la bouilloire sur la cuisinière. La chaleur amène l'eau à ébullition. Si vous pouviez boucher son bec et fermer hermétiquement son couvercle, la vapeur accumulée la ferait exploser en mille morceaux. Vous devez créer une sorte d'ébullition autour de votre but et de vos plans, mais éviter que la vapeur ne s'élève et ne produise une interférence inutile.

Une autre raison, et sans doute la plus importante pour laquelle vous devez garder le secret sur vos intentions, est le fait que si vous révélez vos plans aux personnes qui ne sont pas sympathiques à vos projets, vous leur donnez les munitions nécessaires pour aller vers un échec. Les gens qui sont jaloux, envieux et qui ont une attitude mentale négative vont prendre plaisir à se moquer de vous et de votre but précis. Ne les laissez pas s'amuser à vos dépens. Évitez de vous exposer à leur influence négative qui pourrait vous décourager. Malheureusement, les membres de votre famille immédiate peuvent être les premiers à ébranler votre confiance et vous décourager d'entreprendre un cheminement de développement personnel.

Il y a des gens en ce bas monde qui n'ont rien d'autre à faire que de se tenir sur le bord de la route et de tendre le pied pour faire trébucher les autres. Et s'ils apprennent la direction que vous prenez, ils peuvent même vous y attendre de pied ferme. Si vous ne leur dites pas dans quelle direction vous allez, ils ne seront pas là pour causer votre chute. Gardez en mémoire de rappeler fréquemment à votre esprit la nature de votre but précis et vos plans pour l'atteindre, et cela, aussi souvent que vous le pouvez. Mangez avec eux, dormez avec eux, et amenez-les avec vous partout où vous allez. Gardez à l'esprit le fait que votre subconscient peut être influencé à travailler pour vous aider à atteindre votre but pendant que vous dormez. *Gardez votre esprit concentré sur les choses que vous désirez et non sur ce que vous ne désirez pas!*

Source : *PMA Science of Success Course*, p. 44 et 45.

- 36 -

LE PRIVILÈGE DE RENDRE UN SERVICE PLUS GRAND QUE CELUI POUR LEQUEL VOUS ÊTES PAYÉ

selon Judith Williamson

« Donner commence par la façon dont vous servez les gens qui travaillent au sein de votre organisation et rayonne ensuite vers les autres qui font partie de votre mission. »

– John Hope Bryant

Bien des gens sont encore surpris et confus par le principe de donner avant de recevoir. Très souvent, des gens me demandent comment cela est possible. Les gens déclarent continuellement ne pas pouvoir donner avant de recevoir parce qu'ils n'ont pas d'économies dans lesquelles puiser pour faire leurs dons à des œuvres caritatives. Ils soutiennent qu'ils doivent recueillir d'énormes sommes avant de pouvoir donner à l'organisme ou au programme de leur choix. Lorsqu'on leur demande de puiser dans leur réserve actuelle, ils sont encore plus intransigeants, car ils veulent attendre d'avoir un surplus duquel retirer l'argent. Voilà ce qui crée le besoin d'amasser, plutôt que de favoriser un flot de prospérité dont chacun pourrait bénéficier.

Le centre d'apprentissage mondial *Napoleon Hill World Learning Center* a reçu récemment des dons d'une société d'envergure internationale avec la promesse faite publiquement selon laquelle viendraient des dons encore plus généreux. Ses dirigeants adhèrent à la philosophie de « donner au suivant » et ils ont même ajouté ce concept à leur mission organisationnelle. Pour eux, ce n'est pas une question du « moment » où ils atteindront leur objectif financier, mais de donner « maintenant » à mesure qu'ils créent leur entreprise.

Ces « principes jumelés aux profits » ou ce leadership basé sur des valeurs ne sont pas seulement un concept sur un plan théorique, mais quelque chose qui est mise en pratique. Ainsi, plutôt que d'aller chercher des fonds dans leur réserve, cette société donne directement à partir de son bénéfice net dans l'intention de faire en sorte que des dons à des organismes caritatifs fassent partie de leur mission d'entreprise. Le fait de donner n'a pas été pour eux une action réfléchie après coup, mais plutôt un véritable principe faisant partie de leur plan d'action tel que mentionné dans la mission qu'ils ont publiée. Ils croient que de donner avant de recevoir, aide à faire progresser les affaires et que chacun y gagne davantage à la fin plutôt que de donner seulement à partir d'un surplus ou d'une réserve.

Napoleon Hill parle de ce même concept dans sa philosophie de la réussite. Lorsque vous préparez votre plan de réussite à partir des six étapes dont il est question dans *Réfléchissez et devenez riche*, le docteur Hill déclare que vous devez donner avant de recevoir. Vous devez également donner en proportion de ce que vous espérez recevoir. Connaissez-vous bien des gens qui agissent de cette façon? Si vous pouvez citer le nom d'au moins une personne, comment réussit-elle? Souvenez-vous que la réussite s'obtient par l'équilibre, et que la richesse sur le plan financier n'est qu'une indication de la réussite. Aussi, d'autres éléments tels que la tranquillité d'esprit, une attitude mentale positive, une bonne santé et des relations humaines harmonieuses viennent tous se placer au-dessus de la sécurité financière.

Nourrissons donc une vision claire de ce que nous désirons, focalisons et poursuivons notre périple en nous basant non pas sur ce que nous espérons recevoir, mais sur la façon que nous y contribuons.

LE PRIVILÈGE DE RENDRE UN SERVICE PLUS GRAND QUE CELUI POUR LEQUEL VOUS ÊTES PAYÉ *selon Napoleon Hill*

Henry Ford a déjà parlé d'un jeune homme venu le rencontrer pour obtenir un emploi et avec qui il discutait de son salaire. Le jeune homme n'arrivait pas à avancer un chiffre précis; il semblait indécis. Alors, monsieur Ford lui proposa de se présenter au travail et de le payer à la fin du mois pour ce qu'il valait. Le jeune homme répondit indigné qu'il gagnait déjà beaucoup plus. Il devait sûrement dire la vérité à ce moment-là.

Vous devez faire ce pour quoi on vous paie pour conserver votre emploi, mais *vous avez le privilège de rendre un service encore plus complet comme moyen d'accumuler une réserve de crédit de bienveillance vous donnant le droit de toucher un salaire plus substantiel et d'occuper un poste plus intéressant! Si vous ne rendez pas un service plus grand,* vous n'avez alors aucune raison de demander à occuper un poste plus intéressant et à toucher un salaire plus substantiel. Pensez-y bien et vous comprendrez pourquoi on gagne toujours à faire un kilomètre supplémentaire.

Il est important de souligner que vous faites souvent l'erreur de confondre vos *besoins* financiers et vos demandes salariales. Si vous avez des habitudes extravagantes et que vous avez de la difficulté à gérer vos finances à ce point que vous n'arrivez pas à vivre du salaire que vous gagnez, vous devez peut-être vous rendre à l'évidence que vous êtes rémunéré convenablement pour le service que vous rendez. Souvenez-vous qu'autant les employeurs que les employés doivent respecter certains principes fondamentaux en matière d'économie.

Certains genres de services doivent être rémunérés selon un traitement maximal qui y correspond et qui est difficile de dépasser d'un point de vue économique. Si le genre de service que vous êtes entraîné à rendre ne vous procure pas la rémunération que vous croyez avoir besoin, alors vous devriez peut-être considérer à trouver un autre emploi. Si vous aimez le travail que vous faites, il y a peut-être un domaine où vous pourriez rendre un autre service qui pourrait justifier une augmentation de salaire? Une chose est certaine : *Si vous ne vous dépassez pas, vous serez toujours rémunéré uniquement pour ce que vous faites.*

Source : *PMA Science of Success Course*, p. 158 et 159.

- 37 -

LES ÉLÉMENTS INCONTRÔLABLES DU PROCESSUS DE LA PENSÉE

selon Judith Williamson

« Plus grand est votre désir d'adopter une nouvelle habitude ou d'en changer une, plus rapidement le subconscient se responsabilise pour transformer ce comportement désiré en une habitude inconsciente. »

– Francisco Mendoza

Voici une adaptation libre du poème de Louisa May Alcott intitulé « *My Kingdom* » :

Mon royaume

Je possède un petit royaume,
Où passent les émotions et vagabondent les pensées.
Et je trouve difficile la tâche de bien gouverner,
Ce petit royaume . . .
Je ne cherche pas à recevoir de couronne,
Mais seulement ce qu'on me donne.
Je ne cherche pas à conquérir le monde extérieur,
Mais seulement celui qui se trouve à l'intérieur.

À bien y penser, ce poème nous rappelle qu'avant que le monde ne devienne meilleur, l'homme doit devenir meilleur. Avant de changer le monde, nous devons nous changer nous-mêmes. Avant de diriger les gens, nous devons faire preuve de la capacité de nous diriger nous-mêmes.

Chacun de nous est le monarque potentiel de son propre royaume. Les sujets que nous devons gouverner sont nos passions, nos désirs et nos peurs. Une fois que ce sera accompli, nous pourrons dire que nous sommes les monarques du monde, de notre propre petit monde - de celui que nous habitons seuls tous les jours de notre vie. Il s'agit là du monde le plus important où vivre parce que si nous ne sommes pas satisfaits, joyeux, productifs, et ne prenons pas soin de nous, comment pouvons-nous l'être et le faire pour les autres?

C'est lorsque nous regardons à l'intérieur de nous que nous comprenons mieux la philosophie de la réussite. Le docteur Hill dit : « Avec une puissance de volonté déterminée, vous pouvez fermer la porte à tous les souvenirs non désirés et ouvrir la porte de l'opportunité dans toutes les directions de votre choix. Si vous trouvez que la première porte est difficile à ouvrir, essayez-en une autre et une autre, jusqu'à ce que vous en trouviez une pour entrer. » Il continue en disant : « Un but précis est le point de départ de tout ce qu'une personne accomplit. La volonté maîtrisée par l'autodiscipline aide une personne à continuer sa route jusqu'à ce qu'elle atteigne son but. Vous possédez maintenant la clé. Qu'en ferez-vous? »

Le docteur Hill nous a constamment rappelé que lorsque nous sommes prêts à découvrir « le secret », la clé maîtresse nous est remise. Cette clé cachée pourrait-elle être une chose aussi simple que l'autodiscipline? Ce seul principe pourrait-il nous ouvrir la porte qui mène à la réussite? Retracez l'histoire des gens qui ont réussi pour voir s'ils faisaient preuve d'autodiscipline. Je ne crois pas que vous serez surpris par ce que vous allez découvrir. Cet unique principe pourrait bien être la clé maîtresse de votre réussite! Mais, seulement si vous l'utilisez!

LES ÉLÉMENTS INCONTRÔLABLES DU PROCESSUS DE LA PENSÉE *selon Napoleon Hill*

Il y a quatre éléments du processus de la pensée qui ne peuvent pas être contrôlés par la personne même. Vous pouvez vous y adapter, mais vous ne pouvez pas les contrôler.

Le premier est l'Intelligence Infinie qui vous sera expliqué plus en détail avec le principe de la loi cosmique de création d'habitudes. Il vous est impossible de discipliner l'Intelligence Infinie. Selon toutes les évidences disponibles, c'est la source de toute énergie de pensée.

L'esprit subconscient. Cette partie de l'esprit n'est pas assujettie au contrôle d'un individu. C'est le lien qui relie l'esprit conscient de l'homme et l'Intelligence Infinie. Personne ne peut le discipliner. Il fonctionne selon ses propres règles... sa principale fonction étant de s'approprier les pensées dominantes de l'esprit conscient et d'agir à partir de celles-ci.

Une caractéristique particulière de l'esprit subconscient est le fait qu'il ne prend pas d'ordres de l'esprit conscient. Il n'agit seulement que sur une commande des émotions. Voilà pourquoi, à plus forte raison, il faut s'autodiscipliner par rapport à nos émotions. L'esprit subconscient exécutera les instructions des émotions négatives tout aussi rapidement qu'il répondra aux positives. Il ne fait aucune tentative pour les différencier. Le seul contrôle que vous puissiez exercer sur votre subconscient est en faisant preuve d'autodiscipline pour imposer votre but précis à votre subconscient.

Le troisième secteur de votre esprit qui ne peut être contrôlé est en fait le sixième sens ou ce qu'on appelle la télépathie. C'est la station de diffusion et de réception des messages qui sont transmis à l'aide de fréquences vibratoires au-dessus de celles que nous percevons avec nos sens ordinaires. Il est évident que la télépathie ne peut être contrôlée si ce n'est dans la mesure où l'esprit est stimulé par un groupe du genre « cerveau collectif ».

Le quatrième secteur impossible à contrôler se rapporte à nos cinq sens, soit la vue, l'odorat, le goût, l'ouïe et le toucher. Vos sens peuvent vous décevoir. Par exemple, lorsque vous visionnez un film, assistez à un spectacle de magie ou lorsqu'un cowboy tire rapidement sur la gâchette, votre déception provient du fait que la main est plus rapide que l'œil. Il est nécessaire de constamment vérifier les conclusions que tirent vos facultés mentales en les soumettant à votre raisonnement, car elles sont disciplinées par vos habitudes machinales.

Source : *PMA Science of Success Course*, p. 289 et 290.

- 38 -

DÉVELOPPER UN DÉSIR BRÛLANT

selon Judith Williamson

« Albert Einstein a déjà dit : «Lorsqu'une personne est suffisamment motivée, la discipline s'impose d'elle-même. « »

– Justin Savich

Il est bon de tracer le portrait complet de la philosophie du docteur Hill afin de pouvoir nous rappeler que pour réussir au niveau le plus élevé, nous devons adopter chacun de ses principes dans notre vie. Les éléments suivants : avoir un but précis, faire partie d'un « cerveau collectif », vivre avec une foi absolue et faire un kilomètre supplémentaire, sont des éléments essentiels. Les treize autres principes ne peuvent être ignorés si nous voulons maximiser notre efficacité. Ils sont bien plus qu'un glaçage sur un gâteau. Chacun est aussi essentiel que les quatre premiers grands principes, car ils viennent compléter et améliorer les autres.

Le mot à la mode dans les écoles de nos jours est l'apprentissage par l'expérience. Comme vous le savez déjà, il n'y a rien de nouveau sous le soleil. L'apprentissage par l'expérience est tout simplement un apprentissage basé sur **l'action** ou ce que j'aime appeler **l'application**. Apprendre par l'application est une façon de créer un lien entre l'étudiant et la leçon comme s'il s'agissait d'un navire amarré à un quai. L'ancre sert de lien par rapport à n'importe quel projet que vous désirez réaliser. Comme nous le savons tous, la répétition est la clé! C'est la répétition qui crée l'habitude et nos habitudes créent notre destin.

Le problème que nous avons rencontré dans la vraie vie est de trouver la façon de rendre quelque chose de philosophique aussi pragmatique et utile dans la vie de tous les jours. Le docteur Hill nous dit que la réponse est de rattacher les émotions au dénouement, mais cela peut également poser un problème à moins que nous ne puissions afficher nos émotions facilement.

Considérant ce qui vient d'être expliqué, j'ai créé un outil d'apprentissage en étroite collaboration avec mon équipe afin d'allier les principes de la réussite à de la musique et du visuel, et cela, dans une méditation dirigée de trente minutes. L'artiste Mike Telapary et le pianiste de concert Antonio Castillo de la Gala ont travaillé avec le consultant en conception Chris Lake et la description du docteur Hill de ses dix-sept principes, et le résultat est tout à fait magique.

Je vous garantis que si vous vous assoyez tranquillement devant l'ordinateur pour faire cette méditation attentivement chaque jour, pendant vingt et un jours consécutifs, vous serez émus par ce qui vous est présenté. Laissez votre esprit vagabonder confortablement dans un état méditatif et laissez l'information entrer dans votre esprit pour qu'elle fasse partie, en premier lieu, de votre conscient, et au fil du temps, de votre subconscient. Je vous suggère de faire cette méditation soit en vous levant le matin, soit avant d'aller vous coucher le soir. Faites-en l'expérience en privé sans aucune interruption. Laissez-vous imprégner par la mélodie et les images afin que vous puissiez appliquer les principes dans la vraie vie.

DÉVELOPPER UN DÉSIR BRÛLANT
selon Napoleon Hill

Toute idée dominante, plan ou but maintenu dans l'esprit conscient par la répétition de pensée, et émotionnellement cristallisé par un désir brûlant en vue de sa réalisation, est repris par le subconscient qui voit à le réaliser à l'aide de moyens naturels ou logiques.

Il est important de savoir que la seule chose sur laquelle vous pouvez exercer un droit de contrôle en tout temps est votre état d'esprit. Le droit de contrôle veut dire que vous pouvez le contrôler. Cela ne veut pas dire que vous le contrôlez. Le but de cette leçon et des autres de cette série est de vous enseigner comment exercer ce droit et d'en prendre l'habitude.

Vous connaissez sans doute déjà le concept des deux parties de l'esprit, soit le conscient et le subconscient. Voici une brève explication : le conscient est le siège du raisonnement ou de la pensée. C'est l'endroit où nous délibérons et soupesons les faits.

Le conscient est capable d'analyser l'information qu'il reçoit, et l'une de ses fonctions est d'agir comme gardien de la porte du subconscient. L'esprit conscient est cette partie de l'esprit que vous utilisez pour choisir votre but dans la vie à la suite de vos expériences. Chez les nouveau-nés, on le compare à un nouveau disque où s'enregistrent les leçons apprises par l'entremise des cinq sens, soit la vue, l'ouïe, le toucher, l'odorat et le goût. Il est aussi possible de le comparer à un film cinématographique vierge qui est prêt à recevoir les images perçues à mesure qu'elles arrivent en provenance des cinq sens.

L'esprit subconscient est la partie naturellement non cultivée de l'esprit qui vient comme équipement de base à notre naissance. Il ne pense pas, ne raisonne pas ou ne délibère pas. Il agit instinctivement en réponse aux émotions de base de l'être humain. Ces impulsions de base visant à passer à l'action ou cette urgence d'agir se retrouvent chez tous les êtres humains. Elles sont semblables chez toutes les personnes, et voilà pourquoi nous pouvons les comprendre et les utiliser. Les différences chez les personnes qui nous entourent dépendent des différentes façons qu'elles ont prises pour entraîner leur conscient; sur le plan du subconscient, il y a très peu de différence d'un individu à l'autre.

Pour illustrer la puissance potentielle du subconscient, voici des exemples que vous connaissez déjà. Le subconscient peut se comparer à une voiture, alors que le conscient se compare au conducteur. C'est la voiture qui possède la puissance, et non le conducteur. Ce dernier apprend à augmenter et à contrôler la puissance du moteur.

De même, une personne peut apprendre à maîtriser la puissance de son subconscient et la diriger dans différents domaines de son choix. L'esprit conscient est l'architecte, tandis que le l'esprit subconscient est le vaste entrepôt où l'on peut aller chercher tout le matériel mental requis pour mener à bien un projet en voie de construction. L'esprit conscient esquisse le plan et décide de ce qui doit être fait. L'esprit subconscient développe la puissance pour le mettre à exécution.

Personne ne connaît vraiment l'esprit subconscient. Toutefois, nous connaissons son fonctionnement. Nous savons que nous avons une fonction dans notre cerveau qui agit presque de la même manière que le film sensible d'un appareil photo. Cette fonction est capable de recevoir toute image transférée par l'esprit conscient sous l'influence d'une forte émotion. L'esprit conscient agit comme la lentille dans l'appareil photo mental. Il recueille des rayons de lumière qui sont réfléchis par l'objet de votre désir et les amène vers le foyer. Pour obtenir de bonnes photos à l'aide de cet appareil, il faut fonctionner comme avec tout autre appareil, c'est-à-dire que la mise au point doit être précise. Il faut une bonne exposition et la synchronisation doit être parfaite.

Source : *PMA Science of Success*, p. 26, 27 et 28.

- 39 -

QUELQUES TESTS POUR DÉPARTAGER LA RÉALITÉ ET LA FICTION

selon Judith Williamson

« Dès que j'ai cru pouvoir devenir riche, mon état d'esprit s'est transformé. »

– Koren Motekaitis

Il est bon d'être instruit. Être instruit veut dire que vous pouvez lire et extraire de l'information du matériel que vous lisez, et qui peut vous aider dans votre propre vie. Je croyais tellement à la lecture et aux résultats positifs qu'elle peut apporter à une personne qui lit et qui approfondit la matière que je suis devenue une orthopédagogue en lecture au début de ma carrière d'enseignante. Je voulais tout savoir sur les méthodes pour aider les élèves à devenir de meilleurs lecteurs et leur apprendre à puiser l'information d'un texte.

J'ai étudié un sujet appelé *la lecture de contenu* qui m'a fait connaître des techniques pour montrer aux lecteurs des façons d'approfondir le sens d'un livre, d'un chapitre, d'un poème, d'un manuel ou de tout autre sujet qu'il étudie. J'ai obtenu de l'information indispensable qui m'a aidée à collecter de l'information de tout ce que je désirais lire. Ce qui était encore plus important était le fait que j'ai pu aider mes élèves à en faire autant.

Il existe un autre genre d'aptitude qui vise à améliorer nos connaissances à l'égard des questions financières, ce qui est tout aussi important que de savoir lire. L'éducation financière permet de savoir comment acquérir la richesse et la conserver tout au long de votre vie. Plusieurs étudiants hésitent à parfaire leur éducation financière parce qu'ils ont l'impression qu'ils ne sont pas nés pour être riches. La richesse peut avoir une connotation négative lorsqu'elle est mal comprise. Un jour, un professionnel m'a dit qu'il n'avait pas lu ***Réfléchissez et devenez riche*** parce que, selon lui, le titre était un tant soit peu équivoque. Lorsque je lui ai expliqué que le titre se voulait une façon de concrétiser la pensée et que le docteur Hill parlait de beaucoup plus que des richesses sur le plan financier, il a donc décidé de revenir sur sa position. Il a admis que ses croyances l'avaient retenu de lire ce livre qui, par la suite, a totalement changé sa vie.

La Bible spécifie que « l'amour de l'argent est la racine de tous les maux ». Bien souvent, le mot « amour » est minimisé ou oublié, et les gens lisent mal la citation. Ils assument que « l'argent est la racine de tous les maux ». L'argent n'est pas quelque chose qu'il faut accumuler ou gaspiller. Si on l'utilise avec prudence et discernement, il peut entraîner des répercussions très positives dans le monde. Avoir des connaissances en matière financière est une autre façon de montrer que vous connaissez la place que doit occuper l'argent dans votre vie et que vous savez comment utiliser cette ressource à bon escient pour vous et les autres.

Nous devons tout d'abord comprendre que toute connaissance peut être une ressource précieuse, mais seulement si nous savons comment l'exploiter. Lorsque votre vie est déséquilibrée, en vous instruisant un peu et en appliquant ce que vous avez appris, vous arriverez à mieux gérer les hauts et les bas de votre vie. Si vous trouvez que vous manquez de connaissances dans un domaine qui vous empêche de comprendre, commencez d'abord à chercher de l'information à la bibliothèque municipale. Une fois que vous aurez acquis des notions de base, trouvez un mentor dont vous pourrez suivre les conseils. Ensuite, appliquez ce que vous avez appris. La pensée jumelée à l'action égale la RÉUSSITE. Comme le directeur général de la fondation de Napoleon Hill, Don Green le dit si bien : « Vous devez FAIRE quelque chose avec vos connaissances ». C'est en agissant qu'on obtient les meilleurs résultats.

QUELQUES TESTS POUR DÉPARTAGER LA RÉALITÉ DE LA FICTION *selon Napoleon Hill*

Le penseur sérieux étudie minutieusement tout ce qu'il lit dans les livres ou les journaux, tout ce qu'il entend à la radio et tout ce qu'il voit à la télévision. Il ne prend jamais rien pour acquis seulement parce qu'il l'a lu ou que quelqu'un lui en a parlé. Il sait que des énoncés qui contiennent certains faits ont été souvent intentionnellement ou négligemment maquillés, dénaturés et déformés pour leur donner un sens erroné.

Le penseur sérieux applique alors des critères spécifiques aux énoncés des autres. Par exemple, lorsqu'il lit un livre, il prouve la justesse des propos en respectant les règles suivantes :

a. L'auteur est-il une autorité reconnue sur le sujet traité?
b. L'auteur avait-il un autre motif que celui de communiquer une information précise lorsqu'il a écrit ce livre?
c. L'auteur est-il un professionnel dont le mandat est d'influencer l'opinion publique?
d. L'auteur est-il plus intéressé par un profit financier à propos des sujets sur lesquels il écrit?
e. L'auteur est-il une personne ayant un bon jugement, et non un fanatique du sujet sur lequel il écrit?
f. Y a-t-il des sources auxquelles il est possible d'avoir accès rapidement et où trouver les énoncés de l'auteur afin de les vérifier?
g. Les énoncés de l'auteur s'accordent-ils avec le bon sens et l'expérience?

Avant que le penseur sérieux n'accepte les énoncés des autres comme véridiques, il essaie de trouver la raison derrière les énoncés, car il sait que personne ne fait rien ou ne dit rien sans motif précis. Le penseur sérieux examine minutieusement tous les énoncés que font les gens ayant des motifs évidents. Il est également prudent quand vient le temps d'accepter les énoncés de gens trop zélés qui ont l'habitude de laisser leur imagination s'exalter.

Examinez attentivement la personne qui cherche à vous vendre son mode de vie et assurez-vous que le mode qu'elle vous propose est aussi bon que le vôtre.

Source : *PMA Science of Success Course,* p. 301 et 302.

- 40 -

L'ESPRIT D'ÉCONOMIE
selon Judith Williamson

« Bien que l'argent ne puisse pas vraiment faire fonctionner le monde, il semble vraiment pouvoir fournir les moyens nécessaires pour créer nos désirs et réaliser nos rêves. »

– Elisabeth Donati

Nous aimons tous les aubaines, les ventes, les placements intéressants et la gestion d'un budget qui permet d'en faire plus avec la même somme d'argent. Par contre, il y a peu de gens qui aiment être économes. Pour certains, le concept semble avoir une connotation péjorative comme si quelqu'un les forçait à vivre sous leurs moyens. Faisons-nous cette interprétation parce nous n'avons jamais appris les aspects positifs entourant l'habitude de faire des économies?

Tout comme ce peut être amusant de dépenser, il peut y avoir tout autant de plaisir à économiser. Pourquoi ne pas essayer et en observer les résultats vous-mêmes? Faites-en un jeu si c'est ce qu'il vous faut pour mettre en pratique ce concept. J'ai remarqué que si je trouve une aubaine parce que j'en cherchais une, et qu'elle se présente, et que je me réjouis du prix que j'ai payé, la véritable récompense se trouve dans les économies que j'ai faites et que je peux déposer à la banque.

Par exemple, je dois admettre que je suis une passionnée de lecture. J'aime les livres, mais je n'aime pas nécessairement payer le prix de détail des parutions récentes. Alors, je magazine dans les librairies d'occasions. Je cours les ventes de bienfaisance, l'Armée du Salut, les ventes dans les sous-sols d'église, les braderies et les ventes de bibliothèques. La plupart du temps, je trouve ce que je cherche pour une fraction du prix, et bien souvent, je trouve quelque chose d'encore mieux.

Voici l'histoire de ma belle-fille qui suit un cours d'économie avec sa belle-mère! J'aime bien l'histoire qu'elle raconte.

Lupita écrit :

Chère Judy :

J'ai une histoire à te raconter! Il y a ce miroir que j'aimerais installer dans la salle à manger et que je souhaite me procurer depuis longtemps. J'aimerais un grand miroir avec un cadre doré ou brun pâle afin de l'agencer au décor et aux meubles de la salle à manger. J'ai eu beaucoup de difficulté à en trouver un que j'aimais. Je suis allée dans divers magasins. Je suis allée partout! Je n'ai rien trouvé de joli ou ce que j'ai trouvé était trop cher.

Hier soir, Tim et moi avons fait une promenade dans le quartier et nous avons trouvé un grand miroir dans les déchets sur le bord du chemin. Il faisait trop noir pour bien le voir, mais la taille semblait parfaite, alors nous l'avons apporté à la maison. Une fois arrivés, nous avons constaté que c'était le miroir parfait pour notre salle à manger. Il est si beau et il ne pourrait pas mieux s'agencer! De plus, il est en excellente condition. Je ne peux pas croire l'avoir cherché pendant aussi longtemps et le trouver dans les déchets de quelqu'un d'autre! J'ai obtenu exactement le miroir que je voulais, et cela, gratuitement!

Avec tout mon amour,
Lupita

Pour ma part, j'adore voir des gens transformer des déchets en trésors! Recyclez, réutilisez et renouvelez, et vous aurez des économies à déposer à la banque! Rappelez-vous que vous trouverez à tout coup ce que vous cherchez avec intensité et enthousiasme.

L'ESPRIT D'ÉCONOMIE
selon Napoleon Hill

L'esprit d'économie est l'un des facteurs essentiels de la réussite.
L'habitude des économies planifiées vous encourage à économiser et à en faire une habitude constante.

Chaque personne est rendue où elle est, et elle est ce qu'elle est, en raison des habitudes qu'elle a acquises. La personne qui vit à la limite de ses moyens ou qui les dépasse, ne sera jamais libre. Elle sera toujours l'esclave de quelqu'un ou de quelque chose, et ce ne sont pas là des circonstances bienveillantes. C'est loin d'être ce que le Créateur veut pour l'être humain.

À partir de ce jour, chacun de nous est obligé de ménager ses ressources individuelles et son temps tout aussi efficacement qu'une entreprise qui gère bien ses finances et le temps de ses employés.

Si cette obligation embrouille ou irrite certains d'entre vous, consolez-vous à l'idée qu'elle vous aidera au moins à acquérir de meilleures habitudes sur le plan de l'autodiscipline. Vous devriez aussi reconnaître qu'ainsi vous vous approchez d'un code de conduite humaine qui recèle l'espoir du genre humain parce qu'il détient le secret qui vous aidera à échapper aux responsabilités de cette période confuse et chaotique que nous traversons.

La présentation de cette règle importante a été réservée pour servir de point culminant aux principes décrits précédemment. Elle sert de véritable point culminant des seize principes précédents puisqu'il s'agit du principe qui procure une conduite morale afin de nous aider à appliquer le pouvoir que nous confèrent les premiers seize principes.

Le pouvoir peut être dangereux s'il tombe dans les mains d'une personne qui ne sait pas reconnaître l'obligation morale reliée à son utilisation. L'histoire de l'humanité en est la preuve.

Source : *PMA Science of Success Course*, p. 486.

- 41 -

DES RÉFLEXIONS SUR LA RÉUSSITE

selon Judith Williamson

« La fondation Napoleon Hill est un organisme sans but lucratif. Les revenus qu'elle reçoit de la vente de ses livres et de son matériel audio sont utilisés à des fins éducatives. Ses principales activités incluent le financement de bourses d'études, de subventions pour des professeurs et de cours donnés à la *University of Virginia* et à la *Purdue University-Calumet.* Elle fournit aussi la formation aux adultes et aux adolescents en établissements correctionnels en enseignant les dix-sept principes du docteur Hill. »

– Robert Johnson

Alors que je me rendais à Wise en Virginie afin d'assister à la célébration du Jour Napoleon Hill qui a lieu le 26 octobre, et qui coïncidait cette année-là avec l'anniversaire de naissance du docteur Hill, j'avais prévu faire un arrêt à une formidable librairie située dans la ville de Berea dans le Kentucky. L'arrêt à cette librairie est devenu un véritable rituel lorsque nous nous rendons à Wise pour célébrer cet événement. Nous sommes comme des gamins dans une confiserie. Nous ne savons jamais ce que nous allons y découvrir parce que ce magasin offre autant des livres neufs que d'occasion. De plus, étant donné que la librairie se trouve dans une ville universitaire, le choix est d'autant plus intéressant. Nous étions prêts pour aller fureter.

Comme nous avions un horaire serré cette fois-ci, nous nous sommes rués vers la librairie n'ayant qu'une heure à consacrer à notre chasse aux trésors. Mes deux assistants, Chino Martinez et Alan Chen, se sont précipités vers leurs catégories préférées et sont passés à la caisse sans voir le livre qui se trouvait à la station du caissier en face de l'allée. Je me suis arrêtée, car il était presque impossible de l'ignorer étant donné que je l'avais vu plusieurs fois auparavant. Il s'agissait du fameux livre du docteur Hill intitulé ***The Law of Success*** *(La Loi du Succès – 4 tomes édités par Performance Édition)*. C'était un beau livre assez épais et sa couverture était blanche.

Quelqu'un l'avait commandé, mais il ne s'agissait pas de l'une de nos publications. Je suis allée voir le propriétaire et je lui ai dit qui nous étions. Je lui ai demandé s'il était possible de ne vendre que les livres autorisés par la fondation, et non ceux n'ayant pas été autorisés et qui pourraient avoir été modifiés. Il m'a répondu ne pas savoir qu'il y avait une différence. Alors, je lui ai montré ce qu'il devait rechercher et j'ai ajouté que c'était important si nous voulions que la Fondation continue d'exister. J'avais l'impression que le docteur Hill avait organisé cette rencontre pour me rappeler de demander à notre conseiller juridique, l'avocat Robert Johnson, d'écrire une chronique en collaboration spéciale sur les raisons pour lesquelles il était si important de n'acheter que du matériel autorisé par la Fondation.

Une fois que j'eus terminé de parler des livres du docteur Hill avec le propriétaire, une dame s'approcha et me demanda ma carte professionnelle. Elle dit que c'était elle qui avait commandé le livre et qu'elle était ici pour le ramasser. Elle continua en avouant qu'elle ne savait pas qu'il y avait des « versions autorisées » et « non autorisées » des livres du docteur Hill. Elle me promit fort heureusement qu'elle ferait tout son possible pour rechercher seulement nos livres à l'avenir. Nous étions toutes les deux soulagées de savoir que la librairie et la cliente feraient exactement ce qu'elles m'avaient promis. Pour ma part, j'avais le sentiment d'avoir accompli les vœux du docteur Hill à Berea dans le Kentucky, la ville même où son fils avait étudié. C'était comme si nous étions en pleine terre sacrée du docteur Hill, et que c'était l'endroit tout indiqué pour faire passer son message, autant à moi qu'aux gens de Berea.

Lorsque j'arrivai à Wise, je rencontrai Bob Johnson pour lui demander d'écrire la chronique de la semaine, et c'est ce qu'il fit avant la fin de la journée. Sa chronique se trouve sur notre site Web au www.naphill.org. Alors, comme vous pouvez le constater, le docteur Hill nous a probablement demandé à tous les deux de vous rappeler, à vous lecteur, qu'avant son décès il a créé la Fondation avec l'aide de son épouse Annie Lou Hill afin de poursuivre son œuvre remarquable. Comme c'est le cas pour tous les auteurs, il est toujours préférable de lire l'ouvrage original que l'auteur a écrit sans commentaires, ajouts ou suppressions.

Ainsi, en tant que lecteur, vous avez l'occasion d'utiliser votre immense pouvoir, c'est-à-dire votre pouvoir de choisir ce que vous allez penser et croire. Par la suite, si vous avez besoin de plus amples renseignements, vous pouvez toujours lire les autres ouvrages qui ont été conçus autour de ces œuvres. Cependant, vous devez lire les œuvres elles-mêmes avant qu'elles n'aient été altérées. C'est en fait tout le matériel que Napoleon Hill a écrit. Lorsque vous pensez par vous-mêmes, vous pouvez devenir riche, mais lorsque vous appliquez les pensées que quelqu'un d'autre vous a mises en tête, vous êtes sous l'emprise d'un lavage de cerveau. Ne soyez pas une éponge, mais plutôt un aimant. Un lecteur averti qui lit crayon et calepin à la main est toujours à l'affût de l'idée qui pourrait émerger de son subconscient et le placer sur le chemin de la réussite, tout comme Napoleon Hill l'a promis. Écrivez, passez à l'action, et réalisez votre propre rêve et non celui de quelqu'un d'autre.

Vous pouvez y arriver. Je sais que vous le pouvez.

DES RÉFLEXIONS SUR LA RÉUSSITE
selon Napoleon Hill

Un but précis – Les gens qui réussissent passent à l'action sans que personne n'ait à leur dire quoi faire, et ils savent où aller avant même de commencer.

Un cerveau collectif – Personne ne peut réussir pleinement sans entraîner d'autres personnes dans son projet.

La foi absolue – Vous pouvez y arriver si vous croyez que c'est possible.

Faire un kilomètre de plus – Faire plus que ce qui est demandé. Les gens qui réussissent en font toujours plus que ce qu'on attend d'eux.

Une personnalité plaisante – Il est essentiel de développer une personnalité plaisante - à vos yeux et aux yeux des autres.

L'initiative personnelle - L'employeur d'aujourd'hui est habituellement l'employé d'hier qui a saisi l'opportunité qui l'attendait après avoir fait un kilomètre supplémentaire.

L'attitude mentale positive - Focalisez sur les choses que vous désirez, et non sur celles que vous ne désirez pas. Souvenez-vous du vieux dicton : « Faites très attention à ce que vous désirez, car il est fort possible que vous l'obteniez. »

L'enthousiasme -Pour être enthousiaste, agissez avec enthousiasme!

L'autodiscipline -Dirigez vos pensées, contrôlez vos émotions et soyez en contrôle de votre destin!

La pensée exacte -La vérité sera toujours la vérité malgré un esprit fermé, l'ignorance ou le refus de croire.

L'attention contrôlée - Focalisez sur les choses que vous désirez, et non sur celles que vous ne désirez pas!

Le travail d'équipe - Une coopération harmonieuse est un atout inestimable que vous pouvez acquérir en proportion de ce que vous donnez.

L'adversité et la défaite - Rappelez-vous : chaque défaite, chaque déception et chaque épreuve apportent avec elles une semence de son équivalent ou d'un plus grand avantage.

La vision créatrice -L'imagination est l'atelier de l'âme où se conçoivent tous les plans menant à la réalisation individuelle.

Le maintien d'une bonne santé – Si vous pensez être malade, vous l'êtes.

La gestion du temps et de l'argent – Dites-moi à quoi vous occupez vos temps libres et comment vous dépensez votre argent, et je vous dirai où vous serez rendu dans dix ans et ce que vous serez alors devenu.

Les lois cosmiques – Vous êtes rendu là où vous êtes, et vous êtes devenu la personne que vous êtes, en raison de vos habitudes de pensée et de vos actions.

Source : *PMA Science of Success Course* par Napoleon Hill.

- 42 -

VICTIME OU VAINQUEUR? À VOUS DE CHOISIR!

selon Judith Williamson

« Si nous nous définissons par ce que nous faisons, de quelle façon nous définirons-nous lorsque nous cesserons de le faire? »

– Dr James B. Hill

L'anniversaire de naissance du docteur Napoleon Hill est le 26 octobre. Il est né ce jour-là en 1883, et il est décédé le 8 novembre 1970. Ainsi, en 2011, il aurait célébré son 128e anniversaire de naissance. Aurait-il pu imaginer que ce jour-là, à la *University of Virginia's College at Wise,* son petit-fils, le docteur James B. Hill aurait pris la parole devant deux groupes d'étudiants, c'est-à-dire un groupe du secondaire et un autre du collégial, et cela, en tant que principal conférencier de la Fondation Napoleon Hill? Peut-être bien que oui, peut-être bien que non. Mais peu importe les circonstances, le docteur Napoleon Hill savait très bien que les lois cosmiques ont une influence sur notre vie de tous les jours. Si on lui avait demandé s'il s'agissait d'une coïncidence ou pas, il aurait probablement répondu un « non » ferme. Et il aurait continué en affirmant que les choses devaient se passer ainsi puisque l'Intelligence Infinie connaît tous les rôles et toutes les fonctions que chacun de nous devons jouer dans la vie.

Non seulement, le docteur James B. Hill ressemble-t-il à son grand-père sur le plan physique, mais il lui ressemble également sur le plan intellectuel. Il a hérité de la perspicacité qui a fait en sorte que son grand-père était un homme remarquable et une icône dans le domaine de la croissance personnelle. J.B. est un être introverti, talentueux et diplômé, mais il est aussi un éternel étudiant. Il est polyvalent et fait preuve d'une écoute attentive et respectueuse. Il prend bien son temps quand vient le temps de formuler une exigence et il est toujours prévenant dans sa façon de réagir. Dans l'ensemble, Shakespeare le décrirait comme un homme de la Renaissance.

Bien qu'il soit un marine, il personnifie le slogan de l'armée qui dit : « Soyez tout ce que vous pouvez être ». Lorsqu'il a pris sa retraite de la marine après avoir enseigné à l'Académie navale, il s'est dirigé vers la médicine et est devenu médecin praticien.

Alors, qui est vraiment James B. Hill? Je l'ai laissé le dire lui-même aux lecteurs dans les chroniques spéciales qu'il a accepté de rédiger pendant quelques semaines. Pour moi, J.B. Hill est quelqu'un que je suis fière d'avoir connu parce que suite à cette rencontre, je suis devenue une meilleure personne. Pour moi, c'est la véritable nature d'une personne authentique. Non pas ce que cette personne est, mais plutôt ce qu'elle peut vous inspirer à devenir. Cela dit, je crois qu'il suit vraiment les traces de son grand-père.

VICTIME OU VAINQUEUR?
À VOUS DE CHOISIR!
selon Napoleon Hill

« Dieu agit de façon mystérieuse et Il accomplit des merveilles. » C'est ce que William Cowper a écrit en 1772. Si nous pouvions seulement entrevoir la perspective du plan éternel, nous verrions que les bouleversements qui se produisent dans nos institutions sociales, politiques et économiques sont là pour bousculer les mauvaises habitudes des hommes et faire évoluer la race humaine.

Les hommes qui ont réalisé énormément de choses jouent un rôle dans cette mise en scène ou ce plan global. Ils remplissent un but qui dépasse ce qu'ils pouvaient imaginer. Prenons l'exemple de Thomas A. Edison qui pensait probablement qu'il mettait au point des inventions pour faire de l'argent, mais il se pourrait bien que la nature ait eu d'autres plans et qu'elle l'utilisait pour améliorer les conditions de vie de l'humanité. Du moins, il a amélioré grandement le sort de chacun d'entre nous.

Il y a deux forces qui travaillent dans l'esprit des hommes pour les rendre ce qu'ils sont. L'une est l'hérédité sociale et l'autre l'hérédité physique.

L'hérédité physique est cette loi de la nature qui fait en sorte que la somme et la substance de toutes les caractéristiques, de tous les traits et de tous les aspects physiques de vos ancêtres vous ont été transmis à travers les âges. Vous êtes inévitablement le produit de tous vos ancêtres.

L'hérédité sociale comprend toutes les influences avec lesquelles vous viendrez en contact, à partir du moment où vous prenez conscience des choses, et cela, jusqu'à votre dernier jour. L'influence de vos parents, de votre éducation, des conversations que vous entendez, de la religion, de la politique, des journaux que vous lisez, des spectacles que vous voyez, des émissions que vous regardez – ils ont tous contribué, et vous aideront tous à devenir la personne que vous êtes; c'est ce qu'on appelle votre héritage social. Très peu de gens possèdent ce qu'il faut pour prendre de la distance et penser de façon avertie et indépendante par eux-mêmes. Certains renient leur héritage social et osent être différents en affirmant leur individualité. Lorsque cela se produit, le monde voit apparaître des hommes comme Edison, Ford, Thomas Paine, Ingersoll ou Jonas Salk. Mais la grande majorité des gens se laissent aller à devenir des victimes de leur hérédité sociale. C'est pour cette raison que la pensée judicieuse est si rare.

Quel grand moment dans la vie d'une personne lorsqu'elle prend une distance par rapport à son hérédité sur le plan social et qu'elle commence à penser par elle-même! Autant l'hérédité sur le plan social que sur le plan physique est dirigée par les lois cosmiques. La manifestation du subconscient est mise en valeur parce que la plupart des gens ne connaissaient pas consciemment ce principe ou en quoi consistait ce qui les propulsait en haut de l'échelle de la réussite.

Source : *PMA Science of Success Course*, p. 504 et 505.

DÉFINIR LA PERSONNE QUE NOUS SOMMES (partie 1)

par Dr James B. Hill

Il y a quatre ans, j'étais assis où vous êtes maintenant et je discutais avec un homme qui s'appelle Jim Amos. Monsieur Amos a fait fortune avec l'entreprise *Mail Boxes, Inc.* Il a vendu sa société à UPS pour plus de quelque 800 millions de dollars. Il était alors âgé de 55 ans. C'était quelqu'un qui jouissait d'une grande réussite!

Mais le jour où il se trouva où je suis présentement, Jim Amos n'a pas parlé des moyens qu'il avait pris pour réussir. Il me parla de la définition de ce que nous sommes en tant que personne. Il a dit qu'un jour viendrait où, peu importe que nous ayons réussi ou pas, nous allions devoir faire face à la personne que nous sommes.

Comment vous définissez-vous?

Pensez-y pendant une seconde – Qui êtes-vous?...

Êtes-vous un étudiant des enseignements de Napoleon Hill? Un étudiant engagé? Un homme d'affaires qui réussit bien? Un super athlète? Un professeur engagé? Un célèbre lauréat?

Ces titres ne représentent-il pas uniquement ce que nous faisons dans la vie?

Si nous nous définissons par ce que nous faisons, alors comment allons-nous nous définir lorsque nous ne ferons plus ces choses?

Durant la majeure partie de ma vie, j'ai été un marine. Du moins, je croyais vraiment que j'en étais un. Je suis tout aussi fier aujourd'hui d'être un marine que d'être un médecin. Mais est-ce vraiment ce que je suis? Lorsque vous me regardez, pensez-vous en termes de marine? Auparavant, j'étais un marchand marin. Est-ce ce que je suis? Les gens qui connaissent toute mon histoire ne croient certainement pas que je suis un marine, ni un marchand marin.

En discutant avec Monsieur Amos et en l'écoutant, j'ai réalisé que durant toute ma vie je m'étais défini selon ce que je faisais pour gagner ma vie. Et, pire encore, je définissais également les autres selon ce qu'ils faisaient.

Je me souviens encore du frisson qui montait et descendait le long de ma colonne vertébrale en me débattant avec la question de monsieur Amos. Je ne trouvais pas de réponse. Cela me troublait énormément.

Qui suis-je?

Mon rêve

Ce soir-là, je rêvai que je me tenais devant saint Pierre aux portes du paradis, attendant d'être jugé.

Lorsque ce fut mon tour, je me suis avancé vers saint Pierre qui regardait ses livres. Il a levé la tête et marmonné :

« Qui es-tu, et pourquoi crois-tu que tu mérites d'entrer au paradis? »

J'ai répondu : « Eh bien, je suis médecin, je ne suis pas une mauvaise personne, j'aide les gens et je.... ».

Alors, saint Pierre referma violemment son livre, puis m'interrompit pour dire : « Je ne t'ai pas demandé ce que tu faisais pour gagner ta vie, n'est-ce pas?

« En plus, tu n'es pas vraiment devenu médecin pour aider tes concitoyens, n'est-ce pas? Tu voulais seulement plaire à ta famille? Ou peut-être voulais-tu seulement déplaire à ton «ex»! » (En effet, ce saint Pierre était mesquin... Je suppose qu'il était de mauvaise humeur, car il avait envoyé beaucoup de monde en enfer toute la journée!)

« Bon, je vais te le demander à nouveau, QUI es-tu? »

Je ne pouvais pas répondre, car je ne le savais pas.

Après qu'il m'eut dit qu'il était évident que je ne connaissais pas la réponse, saint Pierre me dit qu'il me retournait sur la terre et qu'il me laissait un an pour trouver la réponse. Il me prévint que je devais avoir trouvé la réponse lorsque je me présenterais à nouveau devant lui.

Eh bien, je me réveillai après ce rêve incroyable et indélébile en me sentant un peu ébranlé!

Au cours de l'année qui suivit, j'ai beaucoup pensé à la question de saint Pierre. Je dois admettre que je devins un peu inquiet à l'approche du délai que saint Pierre m'avait fixé, me rappelant qu'il m'avait donné un an. Je conclus finalement que...

Je...ne...le....sais pas!

- 43 -

LA FORMULE DE CONFIANCE EN SOI
selon Judith Williamson

« Il n'est pas plus juste pour un homme d'être jugé selon son travail ou sa réussite que de l'être selon ses échecs. »

– Dr. James B. Hill

Une attitude gagnante nous place en position de réussite. Il est impossible de réussir si nous n'essayons pas. Les gens qui ont peur d'essayer ont tout intérêt à cultiver la confiance en eux-mêmes. Sans confiance en vous et en vos capacités, vous ne pourrez jamais satisfaire vos attentes, et encore moins les dépasser.

La formule de Napoleon Hill pour retrouver la confiance en soi vaut la peine d'être lue, diffusée, et même mémorisée. Il s'agit de plusieurs messages d'autosuggestion tous condensés en un court essai et qui ont fait leurs preuves au fil du temps. Que vous la lisiez silencieusement, à voix haute ou que vous la récitiez après l'avoir apprise par cœur, elle vous permettra de conditionner votre subconscient pour réussir. Cette étrange technique garantit toujours des résultats positifs, mais elle ne garantit nullement le moment ni l'endroit lorsque le résultat sera obtenu. Elle adapte les récepteurs qui vous aident à saisir des opportunités de réussite et crée un niveau de sensibilisation que vous n'auriez pas atteint autrement. Par exemple, disons que vous cherchez des opportunités génératrices de revenus. Si vous n'augmentez pas votre niveau de confiance en vous-même, il est fort possible que vous ne reconnaissiez pas le plan qui vous sera proposé ou que vous l'ignoriez. Par contre, grâce à cette formule, lorsqu'une opportunité se présentera, votre conscient sera mis en état d'alerte et votre inconscient y répondra selon son conditionnement.

Dans sa définition du conscient et du subconscient, le docteur Hill indique que : « Le conscient est l'architecte et le subconscient est l'entrepôt géant à partir duquel du matériel mental peut être réquisitionné pour développer le projet en construction. Le conscient conçoit le plan et décide de ce qui doit être fait. Le subconscient déploie la puissance pour le réaliser. »

Lorsque vous utilisez votre équipement standard, votre conscient et votre subconscient travaillent en tandem. Mais pour arriver à atteindre vos objectifs et réaliser vos rêves, vous devez tout d'abord actionner la pompe, alimenter le feu, visualiser les résultats, éveiller vos sens et vous placer en position de réussite. Cela requiert de la confiance en soi et de la détermination. Vous devez avoir défini un plan pour les réaliser. Le plan est la carte routière.

Le périple est un véritable processus de vie, étape par étape, qui vous permet de faire le voyage et d'arriver à destination un pas à la fois. Vous avez probablement déjà entendu l'expression qui dit que la réussite laisse des traces, n'est-ce pas? Et c'est vrai. Lorsque vous imitez les actions de quelqu'un d'autre, qu'elles soient bonnes ou mauvaises, vous arrivez à la destination atteinte par cette personne. Pensez-y bien. « Aimeriez-vous être suspendu à une étoile, rapporter à la maison des rayons de lune dans un bocal, être en meilleure position que vous ne l'êtes présentement ou aimeriez-vous plutôt être un porc? » Vous connaissez déjà les rouages de la réussite, et cela se résume à exercer votre plus grand pouvoir, le pouvoir de choisir. Choisissez avec sagesse.

LA FORMULE DE CONFIANCE EN SOI
selon Napoleon Hill

Je sais que j'ai la capacité de réaliser mon but précis dans la vie. Voilà pourquoi je me demande d'être tenace, de passer à l'action continuellement dans le but de concrétiser ma réussite, et je promets, ici et maintenant, d'entreprendre les actions nécessaires à cette fin.

Je réalise que les pensées dominantes de mon esprit se reproduiront éventuellement à l'extérieur, en action physique et elles se transformeront graduellement en réalité physique. Voilà pourquoi je vais concentrer mes pensées pendant trente minutes chaque jour afin de penser à la personne que je désire devenir et, par le fait même, créer ainsi dans mon esprit une image mentale claire et précise.

Je sais qu'à l'aide du principe de l'autosuggestion, tout désir que je garde constamment à l'esprit s'exprimera éventuellement de quelque façon que ce soit. Voilà pourquoi je me demande de consacrer dix minutes par jour au développement de ma confiance personnelle.

J'ai rédigé une description claire de mon but précis dans la vie et je ne cesserai jamais d'essayer de le réaliser jusqu'à ce que j'aie suffisamment de confiance en moi pour que ce soit chose accomplie.

Je réalise pleinement qu'il n'y a aucune richesse ou aucun poste qui puisse durer à moins qu'il n'ait été bâti sur la vérité et la justice. Voilà pourquoi je n'effectuerai aucune transaction qui n'est pas satisfaisante pour toutes les personnes impliquées. Je réussirai en recueillant les forces que je désire utiliser et en sollicitant la collaboration d'autres personnes. Je persuaderai d'autres personnes à me servir étant donné que j'ai la bonne volonté moi aussi de servir les autres.

J'éliminerai toute haine, envie, jalousie, égoïsme et cynisme en éprouvant de l'amour pour l'humanité entière parce que je sais qu'une attitude négative envers les autres ne m'assurera jamais le succès. Je ferai en sorte que les autres croient en moi parce que je croirai en eux et en moi-même. Je signerai mon nom au bas de cette formule, je l'enregistrerai dans ma mémoire et je la répéterai tout haut une fois par jour avec une foi absolue dans le fait qu'elle influencera graduellement mes pensées et mes actions afin que je devienne une personne fiable, autonome et qui réussit.

Sous-jacente à cette formule, il y a une loi de la nature, que personne n'a jamais pu expliquer à ce jour. Le nom qu'on donne à cette loi est de peu d'importance. Le facteur le plus important à son sujet est le fait qu'*elle fonctionne* pour aider l'humanité à réussir lorsqu'elle est utilisée de manière constructive pour la gloire et le succès de l'humanité. Par contre, lorsqu'elle est utilisée de manière destructive, elle détruira tout aussi sûrement. Dans cet énoncé, on retrouve une vérité très significative qui veut que lorsque des gens sont emportés par la défaite et finissent leur vie dans la pauvreté, la misère et la détresse, c'est parce qu'ils ont appliqué de manière négative le principe de l'autosuggestion. Ces malheurs sont peut-être attribuables au fait que toutes les impulsions de pensée ont tendance à se matérialiser en leurs équivalents physiques.

Source : HILL, Napoleon. *Think and Grow Rich*. Édition de collection, p. 86 et 87.

DÉFINIR LA PERSONNE QUE NOUS SOMMES (partie 2)

par Dr James B. Hill

Il n'est pas plus juste pour un homme d'être jugé selon son travail ou sa réussite que selon ses échecs. Maintenant, cela ne veut pas dire que je n'ai pas de réponse à donner à saint Pierre. Je ne sais tout simplement pas si elle est bonne.

J'en suis venu à croire que la définition de soi est en lien avec les rôles que nous jouons dans la société.

Suis-je un homme bon, un bon père, un bon Américain? Est-ce que j'utilise mes compétences et mes talents pour aider les autres? Ce sont les critères qu'utilisent les gens pour nous juger et que nous devrions utiliser pour nous juger nous-mêmes.

Il n'est pas plus juste pour un homme d'être jugé selon son travail ou sa réussite que selon ses échecs.

Alors, la prochaine fois que je vais me présenter devant saint Pierre et qu'il va me demander qui je suis... Je sais ce que je vais lui répondre... Je vais tout simplement lui dire... que je suis un bon papa.

J'espère que je suis assez bon parce que je n'ai aucun doute, que dans mon rêve, saint Pierre vérifiera dans son grand livre.

Il est facile d'abandonner vos rêves

La deuxième chose dont je veux vous parler est le fait d'abandonner vos rêves au nom de la réussite. J'ai déjà eu l'occasion de souper avec un certain nombre de femmes et d'hommes intéressants et éduqués.

Tout le monde à ma table connaissait Napoleon Hill et sa philosophie. La discussion allait bon train, comme c'est le cas lorsque des gens de points de vue semblables conversent de choses et d'autres.

Les propos à table concernaient Napoleon Hill et ses principes. Nous faisions signe que oui chaque fois que des points pertinents étaient soulevés et acceptés.

Tout à coup, je me suis demandé s'il y avait quelqu'un parmi ces personnes qui avaient réussi qui avait VRAIMENT UTILISÉ Napoleon Hill en tant que mentor. Alors, j'ai posé la question…

Le silence s'abattit. Je croyais les avoir insultés. Tout le monde (et je dis bien tout le monde) me regarda avec étonnement. Un homme s'éclaircit la voix, et dit l'évidence même… « Bien sûr que oui! Il aurait été impossible de réussir sans accéder à sa philosophie! »

Après m'être excusé et les avoir rassurés que mon insulte était loin d'être intentionnelle, j'ai donné plus de précision et j'ai reformulé ma question.

Ils avaient tous réussi, mais avaient-ils réalisé leurs rêves?

À nouveau, il y eut un silence, mais cette fois-ci, c'était parce que les gens cherchaient la réponse à l'intérieur d'eux-mêmes.

Personne ne répondit, et j'obtins ma réponse.

Ils avaient tous réussi, et malgré tout, d'une certaine façon, ils n'avaient pas réussi à réaliser leurs rêves. Ils avaient bien atteint leurs buts, mais non leurs rêves.

Une partie de l'histoire du Dr. James B. Hill

Lorsque James eut douze ans, son grand-père Napoleon lui donna 10 $, quelques conseils et un exemplaire autographié de *Réfléchissez et devenez riche*, le livre qu'il avait écrit et qui a eu autant d'influence sur des millions de gens. Il dit avoir dépensé l'argent, ignoré les conseils de son grand-père et perdu le livre. Toutefois, il dit que le livre de son grand-père allait un jour changer sa vie.

Napoleon Hill est né dans la pauvreté dans une toute petite cabane située sur la *Pound River* le 26 octobre 1883. Après des débuts modestes, ce natif de *Wise County* devint un conseiller aux présidents et un auteur à succès.

Au début du XXe siècle, Napoleon Hill a interviewé les plus grands chefs d'entreprises du pays, y compris Andrew Carnegie et Henry Ford. Hill a fait une compilation de son coffret de huit volumes *The Law of Success* (*La Loi du Succès, 17 leçons en 4 tomes, publié chez Performance Édition*), une collection portant sur la philosophie de la réalisation individuelle. Plus tard, il fit un condensé de ses recherches en publiant *Réfléchissez et devenez riche*, qu'on qualifie souvent de l'un des plus importants livres de motivation et de croissance personnelle ayant jamais été écrit.

Le docteur James B. Hill, né à Morgantown en Virginie-Occidentale, est le fils de David Hill, fils cadet de Napoleon Hill et de Florence Hornor. Il a obtenu son diplôme d'études secondaires en 1966, et il s'est enrôlé dans la marine marchande en 1969 après avoir été choisi comme officier au sein de la *United States Marine Corps*.

En 1973, il avait été promu cinq fois jusqu'au rang de sergent d'état-major et on lui offrit l'occasion d'étudier à la *Vanderbilt University*, où il passa trois ans pour obtenir son baccalauréat en génie mécanique. Lorsqu'il reçut son diplôme, il devint sous-lieutenant et commença à être au service de la marine en tant qu'officier d'artillerie de campagne. Il alla chercher plus tard une maîtrise en mathématiques à la *Naval Postgraduate School*.

En tant qu'officier, il a commandé un bataillon à deux reprises. Il a dirigé une équipe de conseillers militaires en Asie du Sud-Est. Il a enseigné à des officiers soviétiques. Il a agi comme aide-de-camp sous deux généraux de la marine. Il a enseigné les mathématiques à l'Académie navale des États-Unis. Il a œuvré dans plusieurs cantonnements critiques, au bataillon et au régiment. Il est certifié en plongée sous-marine, en opérations en montagne en temps de grand froid et aussi en situation de guerre dans la jungle. Il est diplômé du *Command and General Staff College* de l'Armée américaine.

En 1995, il a pris sa retraite de la Marine après avoir été 26 ans à son service dans le but d'étudier la médecine. À l'âge de 53 ans, il a obtenu son diplôme de l'école de médicine. Il a commencé un stage de trois ans en médecine familiale. Le docteur Hill détient maintenant un certificat de spécialiste en médicine familiale et il possède un certificat en soin des plaies et en médecine hyperbare.

- 44 -

L'AUTODISCIPLINE
selon Judith Williamson

« Un jour, vous prendrez un moment pour réfléchir à votre vie et vous découvrirez qu'il est difficile de vous évaluer parce que vous avez raté l'occasion de le faire en fonction de vos rêves. »

– Dr. James B. Hill

Dans cette section de la chronique, le docteur James B. Hill nous explique pourquoi les rêves lointains ne sont pas toujours une bonne idée. Lorsque nous faisons des compromis et que nous nous fixons des buts à long terme, c'est comme si nous achetions un objet de piètre qualité. L'article ne dure pas aussi longtemps qu'il le devrait et il faut le remplacer plus tôt.

Un but à long terme est basé sur votre mission de vie, et lorsque vous trouvez ce but, il vous faut toute une vie pour l'atteindre. J'ai déjà lu que lorsque nous trouvons notre mission, celle-ci doit être composée à la fois de notre personnalité et de notre moi spirituel. Pour ma part, j'aime bien cette idée parce que cette combinaison ne peut se réaliser qu'avec la personne que vous êtes réellement, et par conséquent, vous êtes la seule personne dans tout l'univers qui puisse donner son talent unique au monde. Ainsi, chaque personne a quelque chose de spécial à donner au monde. Il ne faudrait pas attendre trop longtemps, car ce précieux talent sera perdu à jamais.

Langston Hughes a écrit un poème à ce sujet que j'aime beaucoup : (la version qui suit est une adaptation libre)

Un rêve abandonné

Que devient un rêve abandonné?

Finit-il par ressembler
à un raisin séché au soleil?
Ou devient-il corrompu
et suppure-t-il comme une plaie?
Finit-il par sentir mauvais comme de la viande avariée?
ou se cristallise-t-il
comme un bonbon fait de sucre caramélisé?
Peut-être qu'il s'affaisse
comme une lourde charge.

Ou explose-t-il?

Ce poème semble vouloir dire que lorsque nous renonçons à nos rêves, les conséquences sont néfastes. Tout comme le docteur James B. Hill le dit si bien lorsqu'il prévient Scott, il arrive parfois que les rêves soient difficiles à poursuivre une fois que nous les avons abandonnés. Il est donc préférable de ne jamais abandonner lorsque les choses sont plus difficiles. Comme nous l'avons tous déjà entendu, il est préférable de laisser passer ce qui est moins facile. Comment pouvons-nous assumer nos rêves si nous ne pouvons pas nous discipliner? Je crois que Napoleon Hill répondrait que c'est « impossible ». Alors, ressaisissez-vous et réalisez-vous pleinement! En chacun de nous se trouve un trésor que nous devons donner au monde. Ne retardez pas à lui faire ce cadeau!

L'AUTODISCIPLINE
selon Napoleon Hill

L'autodiscipline commence par la maîtrise de vos pensées. Si vous ne maîtrisez pas vos pensées, vous ne pouvez pas contrôler vos actes. Ainsi, tout simplement, on peut dire que l'autodiscipline fait en sorte que vous pensez d'abord, et vous agissez ensuite. La plupart des gens font exactement le contraire. Ils agissent d'abord, puis ils pensent plus tard, à moins qu'ils ne prennent possession de leur esprit en maîtrisant leurs pensées et leurs actes, c'est-à-dire en faisant preuve d'autodiscipline.

La maîtrise des émotions

L'autodiscipline vous donne la pleine maîtrise des quatorze principales émotions énumérées ci-dessous. Sept d'entre elles sont positives, et les sept autres sont négatives:

Émotions positives	Émotions négatives
Amour	Peur
Sexe	Jalousie
Espoir	Haine
Foi	Vengeance
Enthousiasme	Avidité
Fidélité	Colère
Désir	Superstition

Toutes ces émotions sont des états d'esprit et sont donc assujetties à notre maîtrise et notre direction. De prime abord, vous pouvez voir comment les sept émotions négatives peuvent être dangereuses si elles ne sont pas maîtrisées. Les sept émotions positives peuvent aussi être néfastes si elles ne sont pas organisées et si vous ne les maîtrisez pas parfaitement et consciemment. Ces quatorze émotions jouissent d'une puissance phénoménale qui, si vous l'utilisez adéquatement, peut vous propulser vers des sommets de réalisation impressionnants. Mais si vous la laissez se déchaîner, elle peut vous réduire en pièces et vous jeter contre un rocher. Vous devez comprendre que votre éducation, votre expérience, votre intelligence naturelle et vos bonnes intentions ne peuvent d'aucune façon altérer ni modifier ces possibilités.

Source : *PMA Science of Success Course*, p. 268 et 269.

DÉFINIR LA PERSONNE QUE NOUS SOMMES (partie 3)

par Dr James B. Hill

« Vous saurez que vous avez oublié vos rêves lorsque vous vous retrouverez en train d'attendre qu'il se passe quelque chose. »

Scott, le fils d'un de mes amis intimes, a donné sa démission à l'Académie navale au cours de sa première année, après y avoir passé huit mois. Un soir au dîner, il m'a dit qu'il planifiait aller étudier à *Georgia Tech* à l'automne.

Il m'a ensuite vraiment surpris en me disant qu'il pouvait retourner à l'Académie navale l'année suivante, mais qu'il devrait reprendre sa première année au complet.

Scott m'a demandé ce que j'en pensais. Après avoir vérifié auprès de son père, à savoir si je pouvais lui parler franchement, voici ce que je lui ai dit.

Je le voyais très bien obtenir un bon diplôme d'ingénieur de *Georgia Tech*. Je le voyais obtenir un emploi avantageux, se marier à une fille extraordinaire, avoir de superbes enfants et mener une vie convenable, confortable et rangée. Une réussite éclatante, quoi!

Toutefois, j'ai continué en disant : « Te souviens-tu, Scott, des discussions que nous avons eues avant que tu entres à l'Académie navale sur ce que cela pouvait vouloir dire d'être un diplômé de cette Académie?

Tu parlais de commander un porte-avions, de piloter un chasseur F-18, et peut-être, de marcher sur la lune. Tu te demandais ce que ce serait de plonger dans la mer du Japon ou d'avoir l'occasion de diriger des marines.

Si tu ne retournes pas à l'Académie navale, Scott, tu ne commanderas jamais un porte-avions, tu ne marcheras jamais sur la lune ou tu ne piloteras jamais un F-18. Tu ne plongeras jamais dans la mer du Japon et tu n'auras jamais l'occasion de diriger des marines.

Franchement, Scott, je crois que tu regretteras toute ta vie de ne pas être retourné à l'Académie navale.

Tu repenseras à ta vie, un jour, et tu découvriras qu'il est difficile de t'évaluer parce que tu as manqué l'occasion de t'évaluer par rapport à tes rêves. »

Rêves perdus

Je crois que plusieurs personnes qui réussissent l'ont déjà expérimenté. Nous échangeons nos rêves contre des emplois satisfaisants et la sécurité que la réussite nous apporte.

C'est ce qui s'est produit avec les gens dont j'ai parlé ci-dessus. Ils ont remporté une réussite éclatante. Ils connaissaient la philosophie de Napoleon Hill, ils l'avaient adoptée et avaient obtenu de bons résultats. Toutefois, ils avaient été aveuglés par la réussite et ils avaient perdu la vision requise pour atteindre leurs rêves.

Un jour, ils se souviendront de la vie de gens qui ont réussi et qui ont réalisé leur mission, et tout comme ceux qui ont échoué, ils soupireront... « J'aurais pu faire partie de ces gens-là! » « J'aurais pu! »

Une solution

Bien sûr, il y a une raison pour laquelle cela se produit, c'est-à-dire pourquoi tant de gens cessent de focaliser sur leurs rêves.

Napoleon Hill a expliqué comment rester focalisé en utilisant le pouvoir du subconscient. Il a écrit que nous pouvions acquérir ce pouvoir grâce à la pensée et il a suggéré d'écrire nos buts pour les lire et y réfléchir deux fois par jour.

Les théologiens suggèrent aussi cette méthode. Pour renforcer notre foi et notre engagement, ils nous disent de nous réconcilier quotidiennement en priant afin d'évaluer où nous en sommes rendus sur le plan spirituel. Avons-nous commis une faute aujourd'hui, et si oui, avons-nous réparé notre faute en faisant une bonne action?

Qu'importe la façon de vous y prendre,
rappelez-vous toujours de vos rêves.

Vous saurez que vous avez oublié vos rêves lorsque vous vous retrouverez en train d'attendre qu'il se passe quelque chose.

Lorsque vous réaliserez que vous attendez qu'il se passe quelque chose, alors le moment sera venu de vous rappeler de vos rêves et de vous souvenir que vous êtes la seule personne qui puisse les réaliser.

Conclusion

À mesure que vous enregistrerez réussite après réussite, souvenez-vous de ceci : évitez de vous définir selon cette prémisse et... rappelez-vous toujours de vos rêves!

- 45 -

LA VOLONTÉ DE PARTAGER NOS BIENFAITS
selon Judith Williamson

« Lorsque nous faisons preuve de gratitude dans notre vie de chaque jour, nous commençons un cycle de gratitude qui, à son tour, nous donnera de la force et nous attirera d'innombrables expériences enrichissantes sur la route de la réalisation de nos rêves. »
– Raven Blair Davis

Récemment, je suis allée en vacances en Europe et j'y ai trouvé des « pierres d'inquiétude » que j'avais déjà achetées il y a quelques années, car j'étais intéressée par ce rituel visant à les utiliser pour réduire le stress et l'inquiétude. Cette fois-ci lorsque je les ai vues, je me suis demandée pourquoi on ne pourrait pas les renommer et les appeler plutôt des « pierres de gratitude »? Il est beaucoup plus sensé de compter nos bienfaits et de focaliser sur le fait de remercier que de compter nos inquiétudes et focaliser sur nos problèmes.

Aussi, en voyageant dernièrement en Jamaïque, et comme là-bas, on répète à volonté qu'il n'y a pas de problèmes, mais seulement des situations, je me suis souvenue du fait que nous devenons véritablement ce que nous pensons. Nous pouvons diriger notre esprit vers des pensées positives ou négatives. Le choix est toujours le nôtre. Si nous disons que nous avons un problème, alors nous en avons un. Si un problème est plutôt qualifié de "situation", immédiatement, nous focalisons sur quelque chose de moins négatif. Lorsque nous disons « qu'il n'y a pas de problème », cette affirmation nous aide à nous sortir d'une attitude mentale négative parce que nous choisissons de reconnaître une situation, et non un problème. Donnez un nouveau nom à vos « problèmes » en les qualifiant de situations, et constatez que votre attitude vous cause moins d'inquiétude. Il suffit de changer votre vocabulaire pour que votre perspective de la vie devienne plus positive.

Un bon exercice qui permet aux jeunes comme aux moins jeunes de rendre grâce consiste à faire une liste de toutes les choses pour lesquelles nous éprouvons de la gratitude. Pour vous aider à commencer, voici un exemple de la mienne!

J'éprouve de la gratitude pour :

1) le ronronnement de mon chat lorsqu'il m'accueille quand je rentre chez moi;
2) le goût des framboises peu importe la saison;
3) la chaleur de ma couverture électrique réchauffée à l'avance;
4) l'odeur des feuilles qu'on fait brûler à l'automne;
5) une note manuscrite d'un ami qui habite tout près ou au loin;
6) le confort de mon lit après avoir voyagé à l'extérieur du pays;
7) visiter mes sœurs qui habitent la Floride et qui me permettent de voir les choses à travers leurs yeux;
8) une chandelle allumée sur la table lorsque j'écris dans mon journal le matin;
9) l'odeur des guirlandes de pin accrochées durant la période des fêtes;
10) trouver dans un magasin de liquidation un bon choix de roman à lire;
11) recevoir des courriels de ma famille et de mes amis ainsi que de connaissances d'ailleurs dans le monde;
12) un cadeau inattendu qui arrive par la poste ou qui est livré à ma porte;

et bien d'autres choses encore.

Vous comprenez maintenant ce que je veux dire. Alors, plutôt que de compter vos inquiétudes ou des moutons, pourquoi ne commenceriez-vous pas dès maintenant à vous rappeler et à avoir de la gratitude pour toutes les choses qui vous plaisent dans votre vie? Comment pourriez-vous ne pas vous sentir mieux après avoir fait une telle liste? Rien d'autre n'est requis sauf d'exprimer une appréciation sincère pour tout ce que l'Univers vous donne. Regardez, oui regardez vraiment, et vous serez surpris de découvrir à quel point vous tenez les choses pour acquises.

Commencez par chacun de vos sens. Demandez-vous ce que vous aimez voir, entendre, goûter, sentir ou toucher? Faites comme si un de ces sens vous manquait. Que manqueriez-vous si vous perdiez l'ouïe? Vous commencerez ainsi à réaliser que vous tenez énormément de choses pour acquises. Le fait que le jour de l'Action de grâces vient nous rappeler qu'une fois par année nous devons rendre grâce pour tous nos bienfaits, n'est pas suffisant. Chaque jour, nous devrions nous réveiller en ayant à l'esprit de la gratitude et en désirant offrir un « merci » bien sincère à l'Univers pour tout ce qu'il nous procure. En pratiquant la gratitude, vous serez surpris de voir comment votre perspective changera la couleur de votre monde. Et, en agissant ainsi, vous mettrez en pratique l'esprit véritable de ce qu'est la gratitude en répétant "merci", encore et encore, pour tous les cadeaux que vous avez reçus au cours de chaque journée de votre vie. Que votre Action de grâces soit joyeuse!

LA VOLONTÉ DE PARTAGER NOS BIENFAITS *selon Napoleon Hill*

La personne qui n'a pas appris l'art sacré du partage n'a pas appris la voie authentique du bonheur, car le bonheur ne vient seulement que par le partage. Souvenez-vous toujours que toutes les richesses peuvent être embellies et multipliées par le simple fait de les partager avec des gens. Aussi, il est important de se rappeler que la place qu'une personne occupe dans le cœur de ses concitoyens est déterminée précisément par le service que rend cette personne en partageant ses bienfaits.

Les richesses qui ne sont pas partagées, qu'elles soient des richesses matérielles ou des richesses intangibles, finissent par passer et se faner comme la rose sur une tige brisée, puisqu'il s'agit d'une des premières lois de la nature qui veut que la passivité et la désuétude entraînent la décadence et la mort. Cette loi s'applique autant aux biens matériels des êtres humains qu'aux cellules vivantes de chaque corps physique.

Source : *The Master-Key to Riches*. Fawcett Crest Book, 1965, p. 22.

LE CREDO DE LA RICHESSE
selon Napoleon Hill

Chaque jour, je remercie, non pas pour la richesse facile,
mais pour la sagesse avec laquelle je peux reconnaître,
comprendre et utiliser adéquatement
la grande abondance et la richesse dont je peux disposer.

Je n'ai aucun ennemi
parce que je ne fais de mal à personne
pour quelque raison que ce soit.

Je fais tout en mon possible pour avantager
tous ceux que je rencontre
en leur enseignant la voie vers une richesse durable.

Je possède une plus grande richesse matérielle
qu'il ne m'est nécessaire,
car je suis libéré de la cupidité et
je ne convoite que les biens matériels
que je peux utiliser de mon vivant.

Source : *PMA Science of Success Course,* p. 25.

- 46 -

CRÉER DE L'ENTHOUSIASME
selon Judith Williamson

« Les gens veulent aider les autres. Les gens veulent s'entraider, redonner à leur communauté et aider les autres à découvrir les principes du docteur Napoleon Hill. Ils veulent aussi aider les autres à trouver une façon de gagner un revenu supplémentaire régulier pour mieux soutenir leur famille. Également, ils désirent aider les groupes et les organismes caritatifs qui doivent collecter des fonds et ainsi contribuer à des causes louables afin d'aider les gens à se sentir mieux! »

– Shane Morand

En général, les bulletins de nouvelles peuvent être déprimants. Chaque jour, nous voyons une situation après l'autre de l'inhumanité des hommes envers leurs pairs. Des histoires de haine, d'abus de pouvoir, de manque de loyauté, de meurtres et de voies de fait sont présentées à tous les jours aux nouvelles de fin de soirée. Lorsqu'une personne écoute les nouvelles quotidiennement, comment peut-elle ne pas devenir dépressive et ne pas assumer que le monde n'est pas un endroit sécuritaire et positif? Même si la personne moyenne préférerait faire une différence positive, il semble que ce soit une tâche insurmontable dans un monde déstabilisé.

Pour établir la paix et l'harmonie autant dans notre monde intérieur que notre monde extérieur, nous devons tout d'abord être en paix avec nous-mêmes. Il faut commencer par entretenir des pensées de paix et les faire suivre par des actions de paix. Prendre une telle habitude n'est pas aussi facile qu'on le croit. Il y a un prix à payer, et ce prix est l'autodiscipline. Tout d'abord, nous devons nous entraîner de façon positive à devenir des gardiens de la paix dans le monde, et ensuite, nous devons afficher ce comportement pour que tout le monde l'observe. Réagir est un réflexe naturel, mais être pacifique et positif exige plus de maîtrise de soi. Sortir de ses gonds est plus facile que de réfléchir tout d'abord à notre réaction, mais le résultat peut faire une énorme différence.

N'est-il pas temps de prendre le contrôle de la situation mondiale en posant des gestes stimulés par la bonté plutôt que par la méchanceté? La méchanceté fait les manchettes, tandis que la bonté est la véritable voie vers la réussite ultime. Le prix à payer implique un engagement personnel de chacun des citoyens du monde et il implique aussi notre plus grand pouvoir, c'est-à-dire le pouvoir de choisir le bien plutôt que le mal. Abraham Lincoln a déjà indiqué avoir adopté une philosophie simple. Lorsqu'il agissait bien, par conséquent, il se sentait bien. Et lorsqu'il agissait dans le sens contraire, il ne se sentait pas bien par rapport à ses actions. Cela ne s'applique-t-il donc pas à chacun de nous? Alors, pourquoi n'agissons-nous pas seulement de la bonne façon en évitant de poser de mauvaises actions? C'est probablement parce que la satisfaction personnelle peut prendre du temps à venir, peut-être parce qu'il n'y a pas de récompense ultime, peut-être parce que ce n'est pas le choix le plus populaire à faire, et peut-être parce qu'en fin de compte, nous ne savons pas comment agir autrement.

Alors, comment devons-nous procéder? Nous avançons en franchissant une étape à la fois, de manière positive. Posez-vous la simple question suivante : « Que devrais-je faire maintenant pour rendre le monde meilleur? » Ensuite, écoutez cette petite voix calme à l'intérieur de vous qui vous dit ce que vous devez faire. Je vous parie qu'elle ne vous dit pas de profiter du malheur de quelqu'un ou de miner la confiance d'autres personnes en ne reconnaissant pas leur amélioration constante. Le changement demande du temps. Il ne se produit pas du jour au lendemain.

Si nous voulons avancer dans une direction positive, nous devons alors commencer par reconnaître qu'il existe un choix positif ou un choix négatif. Si nous voulons améliorer le monde pour nous et les autres, il n'y aura aucune amélioration si nous ne commençons pas nous-mêmes dès maintenant, aujourd'hui, à l'endroit même où nous nous trouvons en agissant de manière très positive pour le bien des autres. La réciprocité fait régner l'harmonie dans le monde. Faites quelque chose aujourd'hui qui enclenche de l'harmonie plutôt que de la haine. Et, ne cherchez pas une récompense, vous la recevrez au bon moment, lorsque vous vous y attendrez le moins.

CRÉER DE L'ENTHOUSIASME
selon Napoleon Hill

L'enthousiame est la véritable porte d'entrée menant à vos qualités spirituelles. Il ne renforce pas seulement la conviction profonde des paroles que vous prononcez, mais il étend son influence aux recoins de l'âme de toute personne mise en contact avec son effervescence.

L'enthousiasme crée de nouvelles idées

Il n'est donc pas surprenant que Ralph Waldo Emerson ait déjà dit que « *rien de grand n'a jamais été accompli sans enthousiasme* ». Il avait déjà ressenti les effets de l'enthousiasme dans son âme, d'où les forces cachées de son être lui ont été révélées, ce qui rendit son nom immortel.

C'est ce même rebondissement d'enthousiasme profondément ancré au creux de l'âme de Helen Keller qui l'a inspirée, grâce à la foi, à maîtriser sa surdité, son mutisme et sa cécité.

L'enthousiasme aida Edison à essuyer dix mille échecs et il lui révéla après une si longue attente, le secret de la lampe électrique à incandescence. Les psychologues qui ont étudié les réalisations d'Edison sont tous d'accord pour dire que son endurance physique exceptionnelle lui venait de son enthousiasme soutenu envers l'atteinte de son but précis.

C'est ce même enthousiasme débordant envers la cause de l'indépendance des États-Unis qui inspira George Washington à continuer de se battre devant des obstacles qui paraissaient infranchissables jusqu'à ce que la liberté soit enfin sauvegardée aux États-Unis d'Amérique.

C'est également le pouvoir de l'enthousiasme qui a inspiré le peuple américain à s'éveiller, à se préparer et à passer à l'action pour faire face à une immense tragédie qui compromettait la liberté et la sécurité de son peuple au moment où la Deuxième guerre mondiale fut déclarée. Ce fut un accomplissement qui stupéfia le monde entier en raison de l'efficacité et de la promptitude dont les Américains ont alors fait preuve.

L'enthousiasme est la puissance qui a soutenu Abraham Lincoln pendant la guerre de Sécession et qui lui a permis de tenir le coup jusqu'à ce qu'il sauve le pays de l'autodestruction.

Vous vous demandez sûrement comment il est possible d'acquérir une telle puissance?

La procédure est simple et accessible à chacun, tout comme le Créateur l'a prévu. Vous devez commencer par l'espoir, c'est-à-dire l'espoir que vous allez atteindre un but précis. L'espoir est le précurseur de la foi.

Alors, les charbons ardents de l'espoir sont ventilés pour allumer la flamme de la foi et l'alimenter par l'enthousiasme et le soutien d'un but bien précis. Le processus de ventilation devrait être maintenu jusqu'à ce qu'un désir modéré devienne un désir brûlant.

L'espoir, l'enthousiasme et la foi sont des mots clés parce qu'il existe une étroite relation entre eux. Lorsqu'ils sont combinés à un but précis, ils vous donnent accès à une puissance mentale illimitée. Il y a quatre éléments qui attisent un désir brûlant.

L'espoir seul n'a pas beaucoup de valeur. Ce n'est rien d'autre qu'un vœu et chacun entretient une abondance de vœux. Rien ne ressort des vœux jusqu'à ce qu'ils soient organisés et associés à leurs alliés : un but précis, l'enthousiasme et la foi.

Le processus d'organisation s'opère par l'entremise de l'autodiscipline. C'est le principe qui aide à organiser, contrôler et diriger l'enthousiasme pour arriver à des fins précises. Il y a aussi d'autres principes de cette philosophie qui sont reliés à l'enthousiasme et qui peuvent être nécessaires pour vous aider à l'organiser et à le contrôler :

Un but précis
Un cerveau collectif
Une personnalité plaisante
De l'initiative personnelle
L'habitude d'apprendre de vos échecs
L'habitude de faire un kilomètre de plus
La foi absolue
Une vision créatrice
La concentration
L'habitude de prendre soin de sa santé
Une pensée claire et précise.

La maîtrise et l'application de ces douze principes vous permettront aisément de manifester un enthousiasme soutenu. Chaque personne qui a pratiqué cette philosophie a eu l'occasion d'en faire l'expérience, et ce sera aussi votre cas!

Les gens qui accomplissent de grandes choses sont des personnes qui entretiennent de grands désirs. Vous caresserez de tels désirs et vous les accomplirez en suivant les simples instructions qui vous ont été données. Rappelez-vous que tout ce qui vaut la peine d'être obtenu dans la vie, vaut la peine d'y travailler et qu'il y a un prix à payer. Le prix pour recueillir les avantages de cette philosophie consiste principalement en une éternelle vigilance et en une ténacité sans relâche afin d'en faire une habitude quotidienne. La connaissance seule ne suffit pas, il faut l'appliquer.

L'enthousiasme est la combinaison d'une énergie mentale et physique qui se retrouve rarement dans un corps souffrant. L'enthousiasme déborde quand la personne est en très bonne santé. Une bonne santé commence par le développement et le maintien d'un état de conscience face à la santé, tout comme la réussite sur le plan financier commence par un état de conscience de prospérité.

Source : *PMA Science of Success Course*, p. 261, 262 et 263.

- 47 -

LA RICHESSE CRÉE LA RICHESSE
selon Judith Williamson

« Les riches sont prêts à prendre des risques qu'évitent les moins fortunés. Les moins fortunés ne veulent pas prendre de risques, mais gagner gros. Malheureusement, les choses ne fonctionnent pas ainsi, car pour gagner gros, il faut risquer gros... les récompenses sont proportionnelles aux risques. »

– Madeleine Kay

Avez-vous déjà entendu l'expression « pensée de groupe »? On dit que cela se produit lorsqu'un état d'esprit omniprésent devient la pensée dominante d'un groupe tel qu'une nation, une culture, une organisation, une famille ou tout autre groupe de personnes partageant les mêmes idées. Réfléchissez quelques instants pour savoir si vous partagez ou non une « pensée de groupe » à petite ou grande échelle, puis considérez les conséquences qu'a sur votre vie le fait de renoncer à votre droit de liberté de prendre vos propres décisions. Parfois, il peut être facile et bénéfique de suivre la pensée existante d'un groupe mais, à d'autres moments, cela peut être dommageable et emprisonner une personne dans d'anciens schèmes de pensée – tout comme si c'était une prophétie établie.

Par exemple, si vous acceptez la notion que vous ne pouvez pas être riche parce que votre famille n'a jamais été riche, la « pensée de groupe » en place ressemble à une sorte d'emporte-pièce. Lorsque votre pâte est étendue sur la table et que le seul emporte-pièce que vous ayez est un sapin, tous vos biscuits auront la même forme que ce conifère. Mais si vous visualisez des formes telles que des anges, des étoiles et des cloches, vous pouvez stimuler potentiellement votre créativité et découper d'autres biscuits aussi jolis, quoique de forme différente. Ultimement, le choix vous appartient.

La même chose se produit pour créer de la richesse et construire une fortune. Vous pouvez suivre une méthode éprouvée pour obtenir ce que vous avez toujours eu ou sortir des sentiers battus et essayer quelque chose de nouveau. « Nouveau » pourrait vouloir dire faire des études, suivre une formation spécialisée, voyager, faire des placements, prendre un risque calculé ou mettre en œuvre une idée créatrice. Tout ce qu'il faut est un bon plan suivi d'actions requises et d'étapes mesurables et observables. Et si ce plan ne vous procure pas les résultats escomptés, tout ce qui est alors requis en vue d'une réussite éventuelle est d'affiner le plan, et non de changer d'objectif.

Quelqu'un vous a-t-il dit que ce n'était pas faisable? Avez-vous alors remis en question la validité de leur évaluation? Ou avez-vous tout simplement rejoint leur opinion? Pourquoi ne commenceriez-vous pas dès aujourd'hui à remettre en question certaines de vos croyances bien ancrées depuis longtemps? Nos croyances sont des zones de confort. Les zones de confort peuvent être un confortable peignoir ou une camisole de force. Assurez-vous de reconnaître lequel vous portez. Dirigez vos pensées, maîtrisez vos émotions et construisez destin tel que vous voulez le vivre.

LA RICHESSE CRÉE LA RICHESSE
selon Napoleon Hill

La richesse crée la richesse. Une grosse somme dans les mains d'une seule personne ne crée jamais, en général, autant de richesse que l'argent qui circule moyennant, bien sûr, que les gens qui gèrent sa circulation soient intéressés à créer de la richesse.

Le bonheur et la paix d'esprit d'une personne proviennent de son partage de toutes sortes de richesses. Les relations d'affaires ne peuvent pas à proprement dit être qualifiées de relations d'amour entre l'acheteur et le vendeur. Par contre, lorsque l'idée de rendre service à ses concitoyens arrive dans la relation, tout ce qui profite aux deux parties finit par faire partie de la relation. Henry Ford disait qu'il mettait un « peu de lui-même » dans chaque véhicule qui sortait de ses chaînes de montage. Il disait qu'il ne pensait pas en termes de profit pour chaque voiture vendue, mais davantage en termes du service rendu à l'acheteur. Thomas A. Edison déclarait : « J'ai toujours perfectionné une invention en pensant en termes du service qu'elle pouvait rendre aux gens. »

L'idée qu'une compagnie devrait en donner davantage aux clients pour le prix qu'ils paient n'est pas nouvelle. L'histoire a prouvé que c'est une façon de créer de bonnes entreprises et de fidéliser les clients. Toutefois, les bonnes relations entre un employeur et ses employés ne sont pas très anciennes, si on en croit l'Histoire. C'est tout à fait naturel si l'on considère que les entreprises qui emploient des milliers de personnes n'existent que depuis quelques générations. Elles sont une excellente façon pour le propriétaire de l'entreprise de faire de l'argent. Malheureusement, plusieurs travailleurs ont été surexploités dans ce processus.

Au cours des années passées, nous avons connu nos propres périodes de pirates industriels qui ne pensaient jamais à partager leur richesse avec leurs employés qui les avaient aidés à créer cette richesse. Même s'ils en profitaient pour faire étalage de leur argent, ces personnes auraient souri de mépris à l'idée, car la société a besoin d'un grand nombre de personnes bien payées capables d'acheter encore plus de biens et de vivre de meilleures vies.

Les millionnaires sont beaucoup plus nombreux de nos jours. Au cours de la dernière décennie, plus de cinq mille nouveaux millionnaires se sont déclarés faire partie de ce groupe au moment de faire leurs déclarations de revenus. De plus, comme je l'ai déjà mentionné, les millionnaires d'aujourd'hui ne semblent pas avoir besoin de la même reconnaissance que les hommes riches recherchaient autrefois. La plupart des lecteurs ne reconnaîtraient même pas les noms des millionnaires et multimillionnaires actuels que j'ai mentionnés.

Même encore aujourd'hui, les gens fortunés ne sont pas désireux de créer une classe à part où les pauvres n'ont pas accès à la richesse. J'aimerais citer Arthur Decio qui a gagné énormément d'argent avec la construction et la vente de maisons mobiles : « Il est plus facile de progresser qu'il y a quinze ou quarante ans. Il suffit de penser à l'accroissement de la population et à la montée vertigineuse du revenu personnel. . . Ce pays foisonne d'opportunités. »

Voilà où nous en sommes et plusieurs de ces opportunités n'existeraient pas si la richesse n'était pas mieux distribuée qu'elle ne l'était auparavant. Les employeurs ont reconnu eux-mêmes cette valeur, c'est-à-dire qu'ils pouvaient gagner à intégrer les travailleurs dans des partenariats au sein de leur industrie. Une société capitaliste continue de prouver que c'est encore la meilleure façon de créer une richesse maximale, de grande envergure.

Source : *Grow Rich! With Peace of Mind*, Fawcett Crest, 1967, p. 80 et 81.

- 48 -

LA VOIE DU SUCCÈS
selon Judith Williamson

« Vous pouvez posséder toute l'expertise technique au monde, mais si vous n'allez pas rencontrer des clients potentiels et ne les influencez pas pour qu'ils fassent affaires avec vous, vous ferez partie des 90 % qui n'arrivent à rien. »

– Jim Rohrbach

Quel est l'élément déterminant qui fait en sorte qu'une personne réussit et qu'une autre passe à côté de la réussite? Lorsque le docteur Hill a analysé la carrière de plus de 500 hommes qui ont visé juste et réussi financièrement, il a découvert que l'initiative et la ténacité étaient deux facteurs clés et des éléments essentiels pour devenir riche. De nos jours, bien des gens ne croient pas que la réussite soit si difficile à atteindre ou qu'ils aient à travailler autant pour réussir. Une fausse croyance par rapport à la puissance exclusive du subconscient en amène plusieurs à croire qu'ils sont à une pensée de réussir – peut-être une pensée intensément visualisée, mais tout de même juste une pensée.

Le docteur Hill exprime de manière explicite que « les pensées sont des choses » et il l'affirme dans ses remarques lorsqu'il indique que les pensées doivent être suivies d'actions. La situation ici, c'est que les personnes qui veulent réussir ne savent pas comment passer à l'action. Comment une personne peut-elle prendre une direction si elle n'a pas de boussole de réussite à l'intérieur d'elle-même? Les deux actions qu'il faut mettre en pratique sont l'initiative personnelle et la ténacité. Sans dynamisme et sans éthique de performance, bien peu sera accompli. Mais lorsqu'une personne se conditionne à passer à l'action régulièrement, cet état créera le désir de vouloir en faire davantage. Cela devient une habitude, et l'habitude crée le désir, c'est-à-dire une sorte de compulsion pour avancer un pas à la fois dans la direction choisie.

Pensez un instant aux gens qui rêvent ou qui souhaitent d'avoir une meilleure vie. Quelles actions requises entreprennent-ils pour que leur rêve se réalise? Cherchent-ils des occasions de commercialiser leurs idées ou leurs services, ou attendent-ils que quelqu'un vienne frapper à leur porte? Entreprendre ne serait-ce que l'étape initiale d'écrire votre but précis et la date d'échéance, vous permet alors de passer du rêve à l'action. Ensuite, étape par étape, vous pouvez commencer à exécuter le plan que vous avez tracé, et ce, en passant à l'action pour réaliser votre objectif. Ce dont il s'agit n'a vraiment aucune importance. Il faut seulement que vous soyez enthousiasmé par votre objectif et qu'il ne cause de tort à personne. Cela vous permet de choisir parmi un éventail impressionnant d'opportunités à saisir.

Si faire le choix d'un but et d'un plan pour le réaliser est difficile pour vous maintenant, pourquoi ne pas suivre un plan qui existe déjà? Souvent, des plans sont conçus par d'autres personnes et vous décidez de les suivre. Qu'il s'agisse d'un diplôme d'études secondaires ou d'études collégiales, d'un contrat de mariage ou de voeux prononcés dans une communauté religieuse, ce sont tous des plans que les gens acceptent afin de satisfaire un besoin, atteindre un objectif, concevoir un plan de vie, etc., et qui ont été établis par d'autres. Pratiquez d'abord. Si vous vous considérez comme une personne « moyenne » n'ayant pas accompli grand chose, vous devrez commencer par un petit objectif tout simple. Et ensuite, vous pourrez vous attaquer à quelque chose de plus grand. À vrai dire, vous ne frapperez pas un coup de circuit à votre première présence au bâton. Vous commencez en apprenant comment vous rendre au premier but.

Repensez aux plans que vous avez déjà réalisés au cours de votre vie. Réfléchissez au rôle qu'ont joué l'initiative personnelle et la ténacité pour vous aider à atteindre votre objectif. Une fois que vous aurez compris le fonctionnement de la carte routière, le territoire ne sera pas difficile à traverser. Vous pouvez atteindre n'importe quel objectif que vous vous fixez en faisant preuve d'initiative personnelle accompagnée de ténacité. Ce sont des éléments qui font les rêves, alors pourquoi ne pas les essayer vous-même? Vous côtoyez la réussite seulement lorsque vous passez continuellement à l'action, une action appuyée par la ténacité et nourrie par votre propre initiative personnelle, et cela, en vue d'atteindre votre but précis.

LA VOIE DU SUCCÈS
selon Napoleon Hill

À partir d'aujourd'hui, vous devriez saisir les opportunités qui se présentent à ceux qui font preuve d'initiative puisqu'il s'agit, en fait, du panneau de signalisation le plus important sur le chemin de la réussite.

Les instructions qui se trouvent sur le panneau de signalisation de l'initiative sont simples et faciles à suivre. Au cours des dix prochains jours, prenez de l'initiative en faisant au moins une chose chaque jour en lien avec votre travail, mais que personne ne vous aura demandé de faire. Ne parlez à personne de ce que vous faites, gardez vos projets pour vous et suivez ces instructions. Si votre travail exige que vous ne fassiez que ce que l'on vous dit de faire, alors accélérez le processus, travaillez plus fort et mieux que ce que vous faites habituellement dans la même période de temps. Gardez ce rythme pendant dix jours, et d'ici là, vous aurez attiré l'attention de votre employeur. Vous remarquerez également à la fin des dix jours, que prendre de l'initiative vous apportera des avantages tout au long de votre vie parce que l'initiative vous permet d'accepter plus de responsabilités, de bénéficier d'une rémunération plus élevée et d'obtenir tout ce que vous désirez en lien étroit avec votre but précis dans la vie.

Source : la revue de Napoleon Hill, édition de novembre 1922, p. 30.

- 49 -

CE NOËL, FAITES-VOUS UN CADEAU!

selon Judith Williamson

« J'ai aussi rendu visite aux amis de Napoleon, c'est-à-dire Carnegie, Edison, Morgan, Schwab, tous ses amis. Je les connaissais tous, et vous savez quoi, ils me connaissaient aussi. Ils croyaient en moi parce qu'ils étaient des visionnaires. Ils savaient que croire en moi faisait partie de l'apprentissage qui les mènerait à une vie axée sur le service. Le désir brûlant qu'ils nourrissaient étant jeunes, c'est-à-dire que je leur apporte un camion rouge ou une nouvelle paire de chaussures, était ce qui allait les motiver à concevoir des désirs encore plus ambitieux plus tard dans la vie. »

– Père Noël

Aujourd'hui, c'est Noël, et la véritable magie est à l'intérieur de chacun de nous. Je veux parler de la magie de Noël. Ce sont nos pensées qui développent la magie dans notre vie. Parfois, nous oublions que notre source est toujours à l'intérieur de nous. Il n'y a rien à l'extérieur qui puisse nous rendre heureux bien longtemps. C'est ce qui nous fait réaliser vraiment que les cadeaux du cœur sont vraiment les plus beaux cadeaux que nous puissions recevoir. Si vous avez oublié ces cadeaux sur votre liste cette année, alors vous avez le temps aujourd'hui d'en offrir quelques-uns à vos proches, à tous ceux qui vous sont chers. Offrez-les avec tout votre amour, car c'est l'emballage le plus précieux.

Voici 52 citations inestimables du docteur Napoleon Hill pour garnir votre bas de Noël. Plusieurs d'entre elles peuvent être utilisées en tant qu'affirmations, comme pensées pour débuter la journée, à dédier à vos amis ou pour exprimer votre gratitude envers l'Univers pour toutes les bonnes choses que vous recevez quotidiennement. Partagez-les avec les gens de votre entourage. Je suis certaine qu'ils les apprécieront et que ces citations les stimuleront positivement dans leur engagement profond envers leurs buts personnels.

Des cadeaux précieux de Napoleon Hill pour vous aider à conserver une attitude mentale positive toute l'année!

Un bon enseignant est toujours un bon élève.

Un esprit positif trouve toujours le moyen de faire les choses. Un esprit négatif cherche tous les moyens pour prouver qu'elles ne sont pas faisables.

Toute grande chose est faite de petites choses qui sont de nature semblable.

Tant et aussi longtemps que vous acceptez que la vie vous mène à sa guise, elle le fera.

Fermez la porte de la peur derrière vous, et voyez à quelle vitesse la porte de la réussite s'ouvre devant vous.

Concevez un plan précis pour réaliser vos désirs et commencez dès maintenant, que vous soyez prêt ou non, à mettre ce plan à exécution.

La courtoisie ne dépend pas seulement de l'éducation, mais du bon sens.

Les décisions sans les actions sont inutiles.

Faites-le maintenant… et avant que qui que ce soit ne vous le demande!

Ne vous contentez pas de moins que ce que vous voulez.

Ne cherchez pas la cause de vos malheurs dans les étoiles. Regardez-vous et vous obtiendrez de meilleurs résultats.

Se laisser ballotter par la vie sans but ni objectif est la première cause de l'échec.

Tout grand accomplissement prend forme dans le dépassement de soi.

Ce n'est pas tant dans la possession que dans l'action qu'on trouve le bonheur.

Le bonheur peut être trouvé seulement en aidant les autres à le trouver.

Si j'avais la possibilité de voir un vœu exaucé, je demanderais d'acquérir plus de sagesse.

Si vous ne savez pas ce que vous voulez retirer de la vie, que pensez-vous obtenir?

En vous fixant un but, vous serez plus apte à reconnaître ce qui vous aidera à l'atteindre.

Si vous êtes désenchanté de votre vie et que vous désirez la changer, l'endroit où commencer est en vous-même.

Il vaut mieux imiter quelqu'un qui a réussi que de l'envier.

Votre réussite ne dépend pas de l'échec des autres.

Il est bon de savoir que vous devenez ce que vous pensez.

Gardez votre esprit concentré sur les choses que vous voulez et non sur celles que vous ne voulez pas.

Rencontrez la personne la plus importante sur terre! Vous!

Plus d'or a été extrait du cerveau des hommes qu'il n'en a jamais été extrait de la terre.

Personne ne peut atteindre le sommet, seul.

Personne ne peut atteindre une réussite permanente sans entraîner d'autres personnes dans son sillon.

Lorsque deux cerveaux se réunissent, une troisième force invisible s'allie pour devenir un cerveau collectif.

La personne qui sait utiliser les simples mots « s'il vous plaît et merci » possède un charme puissant qui lui ouvre toutes les portes.

Exprimez votre gratitude à chaque jour, par la prière ou des affirmations, pour toutes les bénédictions reçues.

Certaines pépites de pensée sont de plus grande valeur que des petites pépites d'or.

Certaines personnes ont appris à utiliser les vents contraires pour faire avancer leur propre bateau.

Il est parfois plus sage de s'allier à un opposant que de le combattre.

La rapidité et les compétences sont acquises à force d'efforts réitérés.

Les paroles laissent des impressions. Les écrits laissent des traces.

La réussite attire la réussite et l'échec attire l'échec.

Les gens qui réussissent gardent leur esprit concentré sur ce qu'ils veulent, et non sur ce qu'ils ne veulent pas.

Vos pensés d'aujourd'hui sont vos résultats de demain.

L'imagination est l'atelier de l'âme, là où sont conçus tous les plans de l'accomplissement personnel.

L'esprit se développe seulement par l'utilisation et il s'atrophie devant l'immobilité.

Plus vous serez en contrôle de votre discipline personnelle, moins vous serez discipliné par d'autres.

L'ingrédient le plus important de la réussite est de croire en soi-même.

La passivité est une chose que la nature ne tolère pas!

La pouvoir de la pensée est la seule chose sur laquelle l'être humain possède un contrôle total et définitif.

Le secret pour que les choses se fassent, c'est l'action!

Les mots prononcés possèdent une très grande puissance, alors évitez les mots vagues et péjoratifs tels que « jamais », « seulement », « rien », « chaque », « chacun », « personne » et « impossible ».

Essayer de recevoir sans avoir donné est aussi inutile que d'essayer de récolter sans avoir semé.

Tout ce que l'esprit peut concevoir et croire, il peut l'accomplir.

Vous pouvez le faire si vous croyez en être capable.

Vos seules véritables limites sont celles que vous établissez dans votre propre esprit.

Les autres construisent votre réputation, mais c'est vous qui construisez votre caractère.

Votre réussite ou votre échec n'existe que dans votre esprit.

CE NOËL, FAITES-VOUS UN CADEAU!
selon Napoleon Hill

J'aimerais vous proposer quelque chose : ce Noël, vous devriez vous offrir le cadeau qui vous aidera à posséder la richesse et l'abondance, à jouir de la tranquillité d'esprit et à rencontrer des amis fidèles!

Le cadeau auquel je pense est quelque chose que vous êtes la seule personne à pouvoir vous l'offrir et, de plus, c'est la seule chose sur laquelle vous pouvez exercer un contrôle complet.

Ce cadeau peut changer complètement votre vie, à un point tel, que chaque circonstance vécue et chaque transaction conclue vont vous rapporter des bénéfices importants.

Ce cadeau peut vous aider à transmuter la peine et les épreuves en qualités spirituelles puissantes qui vont vous donner plus de force pour faire face aux urgences.

Il peut éliminer toutes les formes de peur et les remplacer par la foi avec laquelle vous pouvez diriger vos activités et arriver aux finalités de votre choix.

Ce cadeau est si miraculeux qu'il influencera la vie des gens autour de vous et qu'il les rendra encore plus riches en termes de valeurs essentielles qui comptent le plus dans la vie.

Il attirera de nouvelles occasions inespérées qui vous permettront d'obtenir de l'avancement au travail.

Ce cadeau peut même reconquérir des amitiés et renflammer les cœurs et les amours qui s'étaient éteints par négligence.

Il peut supprimer les causes de bien des maladies physiques et vous aider à posséder un corps sain et vigoureux.

Il peut vous donner le pouvoir magique de convertir vos ennemis en amis.

Il peut mettre dans votre poignée de main un élément qui n'était pas là auparavant et vous faire dire des mots profonds qui commanderont le respect et l'attention de la part des autres.

Il peut vous donner une vivacité d'esprit grâce à laquelle vous prendrez des décisions concrètes et éclairées.

Rien ne peut remplacer ce cadeau que vous êtes la seule personne à pouvoir vous offrir.

Ce cadeau est une ATTITUDE MENTALE POSITIVE.

Il ne coûte rien, sauf la volonté de la développer. Toutefois, la seule façon que vous pouvez la garder est de lui accorder la priorité en l'utilisant dans toutes vos habitudes qui contrôlent votre vie quotidienne.

Source : *Success Unlimited*. Décembre 1954, p. 10 et 11.

- 50 -

GARDER UN ESPRIT LIBRE
selon Judith Williamson

« Nous avons peur de quitter notre emploi, de reprendre nos études et de sortir de notre zone de confort. Nous vivons notre vie à moitié! Et alors, on ne peut pas dire, chers amis, que nous *réfléchissons et devenons riche!* »

– Marcus Paton

Avez-vous déjà souhaité pouvoir récupérer votre énergie? Faire deux fois plus de choses en prenant la moitié du temps? Ouvrir des portes qui étaient fermées? Transmuter l'échec en réussite? On dirait un rêve chimérique, n'est-ce pas? Eh bien, Napoleon Hill nous dit que tout ce que nous avons à faire est d'y penser, d'y croire et ensuite de l'accomplir! Cela semble assez simple, merci!

En réalité, nous devons être très prudent par rapport à ce que nous demandons à l'Univers, car aussi vrai que le soleil se lève toujours à l'est, nous allons recevoir ce que nous désirons le plus dans la vie. Nos fantaisies se réalisent lorsque nous leur consacrons notre énergie. Les résultats dépendent du nombre d'actions que nous entreprenons pour les réaliser. L'énergie peut devenir matière. Chacun de nous en est la preuve vivante.

Aujourd'hui, c'est le premier jour de l'année. Quels plans avez-vous élaborés pour l'année qui vient? Avez-vous pensé à tous les aspects de votre personnalité en vous fixant des buts? Nous sommes des êtres à multiples facettes, composés de différents aspects, soit physique, spirituel, social, émotionnel, financier et mental. Il est tout à fait logique de considérer chacune de ces parties lorsque nous nous fixons des buts pour l'année qui vient. Si vous omettez un aspect important de vous-même, vous mettrez en péril votre équilibre en cheminant vers vos buts.

Une roue ne tournera pas bien si son rayon ou son moyeu est endommagé. Si vous vous occupez des mécanismes de base de la vie, alors les résultats seront plus encourageants. Nous connaissons tous la sensation produite par une crevaison quand le pneu est en train de se dégonfler lentement. Au début, le chemin est cahoteux, mais avant longtemps, nous arrivons à un point mort jusqu'à ce que le pneu soit changé. Pourquoi vous faire vivre le syndrome de la crevaison cette année? Maintenez les roues de votre vie en bonne condition, et votre périple se poursuivra sans effort.

Je vous souhaite tout ce qu'il y a de mieux en ce premier jour de l'année. Que votre chemin de vie se déroule en douceur et dans toute sa splendeur, que votre parcours soit mémorable et qu'il vous amène vers la meilleure destination qui soit. À mesure que vous atteignez vos buts, rappelez-vous de tendre la main à la personne qui a besoin d'un peu d'aide de celle qui a déjà réussi!

GARDER UN ESPRIT LIBRE
selon Napoleon Hill

Un esprit ouvert est un esprit libre.

La personne qui n'ouvre pas son esprit aux nouvelles idées, aux nouveaux concepts et aux nouvelles personnes verrouille une porte qui la garde esclave de sa propre mentalité. L'intolérance est une faux à deux tranchants qui, au retour de son balancement, vous empêche de saisir des opportunités et coupe la communication. Lorsque votre esprit est ouvert, votre imagination est libre de travailler pour vous.

Il est difficile d'imaginer qu'il n'y a pas si longtemps, des gens se moquaient des expériences de vol des frères Wright et qu'il y a à peine quelques décennies, Lindbergh n'arrivait pas à trouver des bailleurs de fonds pour son vol transatlantique. Un jour, des visionnaires ont prédit librement que l'homme marcherait sur la lune et personne ne s'est moqué d'eux. Ce sont les railleurs qui ont été méprisés.

Un esprit fermé est un signe d'une personnalité difficile. L'esprit fermé ne remarque pas le progrès et ne peut jamais profiter des opportunités qui lui sont offertes.

C'est seulement avec un esprit ouvert que vous pouvez ressentir l'impact important du premier principe de la science de la réussite : « Tout ce que l'esprit peut concevoir et croire, il peut le réaliser ».

Vous devriez vous évaluer maintenant. Faites-vous partie de ceux qui disent : « Je peux y arriver » et « Ce sera fait » ou vous classez-vous dans la catégorie de ceux qui disent « Personne ne peut le faire », et en ce moment même, quelqu'un est en train de l'accomplir? Un esprit ouvert requiert d'avoir la foi en vous-même, en vos pairs et en Dieu qui a élaboré un plan gigantesque pour l'Homme et son Univers.

La superstition n'est plus à la mode. Par contre, l'ombre des préjugés est aussi épaisse qu'elle l'a toujours été. Vous pouvez venir vers la lumière en examinant attentivement votre personnalité. Prenez-vous des décisions basées sur vos émotions et des idées préconçues ou sur la raison et la logique? Écoutez-vous attentivement et de manière réfléchie ce que l'autre personne a à dire? Recherchez-vous les faits plutôt que de vous nourrir de rumeurs et de ouï-dire?

Les mentalités humaines s'atrophient si elles ne sont pas constamment stimulées par de nouvelles idées. Les communistes, avec leur technique de lavage de cerveau, savent que la façon la plus rapide de briser la volonté d'un homme est d'isoler son esprit, de l'éloigner des livres, des journaux, de la radio et d'autres canaux normaux de communication intellectuelle.

Dans ces conditions, l'intelligence ne se développe plus parce qu'elle n'est pas nourrie. Seulement la volonté la plus forte et la foi la plus pure peuvent l'épargner.

Est-il possible que vous ayez enfermé votre esprit dans un camp de concentration social et culturel? Vous êtes-vous assujetti vous-même à un lavage de cerveau de votre propre fabrication en vous isolant des idées qui auraient pu vous aider à réussir? Si c'est le cas, il est temps d'abattre les barrières des préjugés qui emprisonnent votre esprit.

Ouvrez votre esprit et laissez-le libre!

Source : *Success Unlimited*. Décembre 1960, p. 39.

- 51 -

UTILISER NOS TALENTS CACHÉS
selon Judith Williamson

« Il y a un principe clé qu'il ne reconnaissait pas et n'appliquait pas : la réussite personnelle précède la réussite professionnelle! »

- Kip Kint

Habituellement, il n'est pas facile de trouver notre mission dans la vie. Plusieurs d'entre nous essayons différents chapeaux à mesure que nous suivons notre mission ou cherchons à la réaliser. Parfois, nous commençons à cerner ce qui donne un véritable sens à notre vie, puis nous nous retirons lorsque nous commençons à avoir peur ou à penser que nous ne pourrons pas gagner notre vie en faisant ce que nous aimons.

En général, ce que nous aimons faire ou ce qui nous rend heureux est ce que nous faisons bien, et c'est là que justement se trouve notre trésor caché : notre mission ou l'œuvre de notre vie. Une personne ne tirera jamais avantage de poursuivre une carrière dans un domaine qui ne lui assure que la sécurité financière et qui ne la rend pas joyeuse. Il est préférable de mener une carrière qui rapporte moins sur le plan financier et qui apporte énormément de satisfaction personnelle. Si vous êtes attiré par ce que vous faites, que vous le feriez même si vous n'étiez pas payé, que nous n'êtes pas tenté de regarder votre montre quand vous y êtes affairé et que vous ne faites de tort à aucun être humain, alors vous avez trouvé votre mission dans la vie ou votre talent.

Nos talents cachés sont ces traits de caractère qui sont souvent enfouis au fond de nous et qui remontent à la surface seulement lorsqu'un réel besoin se fait sentir. Il peut s'agir d'une épreuve, d'une forme d'insatisfaction ou uniquement le désir de faire davantage chaque jour de notre vie en utilisant nos plus grands talents.

Lorsque ces talents font surface dans notre réalité quotidienne et que nous les reconnaissons, c'est souvent comme un retour chez soi, car nous avons commencé un véritable voyage au cœur de notre *moi* authentique.

Utilisez le « mécontentement constructif » dont parle le docteur Hill dans l'essai ci-dessous pour vous mener vers la découverte de la richesse que vous possédez, votre coffre aux trésors personnel!

UTILISER NOS TALENTS CACHÉS
selon Napoleon Hill

Chacun possède à l'intérieur tout ce dont il a besoin pour obtenir la richesse et la renommée. Il suffit seulement d'apprendre à utiliser nos talents cachés, de les investir en quelque sorte pour en tirer profit.

La tragédie, c'est qu'il y a tellement de gens qui, au cours de leur vie, n'utilisent pratiquement jamais leurs talents cachés. Il arrive parfois que des problèmes et des épreuves soient nécessaires pour qu'ils exploitent leurs ressources et la puissance de leur esprit pour réussir.

Un comptable perdit son emploi à l'approche de Noël. Il n'avait pas d'argent pour acheter un cadeau à son fils de dix ans. Plutôt que de tomber dans le désespoir, il décida de fabriquer un cadeau à offrir au garçon.

Il utilisa deux roues d'un carrosse d'enfant qui avait été jeté à la poubelle, quelques planches de bois trouvées au sous-sol et de la peinture rouge vif. Il fabriqua un jouet qui attira l'attention de tout le voisinage.

Les autres enfants voulurent un jouet semblable. La demande devint si forte que le comptable sans travail transforma son sous-sol en atelier, et bientôt, il put déménager sa production dans une usine.

Le jouet que le comptable avait conçu fut appelé un « scooter ».

Que dire du soldat qui revint de la Première guerre mondiale. Il avait été un vendeur durant toute sa vie avant la guerre et, à son retour, il était sans travail. Lui aussi utilisa ses talents cachés. Il prit une boule de crème glacée dans laquelle il piqua un bâtonnet. Il trempa ensuite la crème glacée dans du chocolat, et voilà que l'« Eskimo Pie » vit le jour!

Un jeune homme travaillait comme préposé de station-service à Dallas. Le travail était ardu, les heures étaient longues, et le salaire était bas, tous les éléments étaient réunis pour obtenir ce que j'appelle du « mécontentement constructif ».

Il commença donc à vendre des livres pour enfants pour un éditeur. Plutôt que de solliciter les parents, il se lia d'amitié avec les enseignants et obtint la permission d'aller parler de ses livres aux enfants à l'école.

Il demandait ensuite aux enfants d'organiser une rencontre avec leurs parents pour qu'il puisse aller leur vendre les livres. Son plan se réalisa merveilleusement bien et il se prépara à se lancer lui-même dans le domaine de l'édition.

Avez-vous cherché attentivement quelles ressources « cachées » vous ont échappé seulement parce qu'elles ne se présentaient pas sous une forme que vous pouviez utiliser immédiatement?

Quel plan ou idée pourrait s'avérer de grande valeur si vous le lanciez et le mettiez au point?

Un homme ayant très bien réussi proposa un jour une excellente méthode pour devenir riche.

« Trouvez un article qui vous permettra de réaliser des ventes à répétition, dit-il. Ensuite, déployez tous vos efforts pour le mettre à la disposition de millions de gens qui en ont besoin. »

Cet homme s'appelait F.W. Woolworth, créateur des magasins à bas prix. Il ne créa rien de nouveau. Il prit seulement une idée qui existait déjà, mais il y appliqua une nouvelle méthode de vente.

Il y a de plus en plus d'opportunités qui s'offrent à nous. Par exemple, il suffit de penser aux millions de dollars qu'une personne pourrait faire en mettant au point une simple méthode pour réduire les accidents de la route.

Vous possédez des talents inutilisés. Faites-les travailler à votre avantage et devenez financièrement indépendant.

Source : *Success Unlimited*. Décembre 1966, p. 33 et 34.

- 52 -

LA MÉTAPHORE DE LA FERMETURE DE PORTE
selon Judith Williamson

« Lorsque nous focalisons sur nos buts comme si notre esprit était un laser, il se concentre uniquement sur ce qu'il faut accomplir pour atteindre nos buts. Ensuite, notre esprit commence à remarquer « des choses qui n'étaient pas là auparavant ». »

– Michael Wilkie

« L'autodiscipline ferme la porte à la jalousie,
à la haine, à la vengeance,
à l'avidité, à la colère et à la superstition.
Elle ouvre la porte à l'amitié, à la bienveillance,
à la confiance et à l'amour. »

– Napoleon Hill

Vous avez sûrement déjà entendu l'expression « aimer avec fermeté ». Il s'agit d'une méthode où la réalité rencontre la fantaisie de plein fouet dans l'intention que le receveur réalise que c'est pour le mieux, et cela, dans son intérêt véritable. Lorsque les parents appliquent cette méthode, ils doivent bien souvent dire « non » ou ne pas donner des choses comme de l'argent, une voiture, une avance de paiement sur un bien ou quoi que ce soit d'autre que leur enfant leur demande et qui, à leurs yeux, ne contribuera pas de manière positive au bien-être général de leur enfant.

Les enfants grandissent, les parents meurent et, bientôt, nous réalisons que nous nous retrouvons dans la même position qu'eux, et que parfois nous devons dire « non » à notre propre enfant intérieur. Nous parvenons à la maturité grâce à une croissance positive, et bien souvent, nous nous plaçons en travers de notre propre route. Lorsque nous arrivons à la croisée des chemins sur le plan de notre développement, nous préférons souvent emprunter le chemin traditionnel et ne pas nous engager à travailler davantage. Lorsque nous choisissons la mondanité, cela comporte des conséquences parce que nous nous rendons compte assez rapidement que ce chemin ne nous mène pas vers la croissance, mais plutôt vers la stagnation. Napoleon Hill nous fournit l'antidote à cette maladie de l'attitude, et il s'agit de l'autodiscipline.

Chacun de nous possède une conscience qui fonctionne assez bien en général, et qui nous donne de bons conseils, si nous l'utilisons bien. Malgré tout, nous nous attardons souvent à regretter les événements du passé, nos erreurs, nos pertes et autres plutôt que de nous positionner pour regarder droit devant et nous assurer un meilleur avenir. Lorsque le docteur Hill utilise la métaphore de la fermeture de porte, il nous indique qu'en fermant bien la porte à notre passé et en ne nous attardant pas sur elle, nous pouvons avancer vers la réalisation de notre mission de vie. Cela ne veut pas dire de devenir un cœur dur ou ne plus faire preuve de compassion, mais plutôt d'appliquer le principe *d'aimer avec fermeté* envers soi-même et de prendre soin de nous autant que nous prenons soin des autres.

Aujourd'hui, demandez-vous si vous avez laissé une porte entrouverte. Avez-vous peur de claquer cette porte, de la verrouiller et de vous débarrasser de la clé? Songez au fait que cette option de retrait est peut-être la raison pour laquelle vous n'allez pas de l'avant. Vous laissez un ancien revers vous empêcher de faire une remontée spectaculaire. Fermez cette porte dès maintenant, et ne vous attardez plus. De nouvelles portes vous attendent, et lorsque vous frapperez aux portes, elles s'ouvriront et vous conduiront vers votre destin. Pourquoi attendre? Créez toujours de nouvelles occasions.

LA MÉTAPHORE DE LA FERMETURE DE PORTE *selon Napoleon Hill*

Il suffit de penser aux sérieux problèmes qui peuvent apparaître dans l'esprit d'une personne suite à des déceptions et à des échecs du passé et les cœurs qui peuvent être brisés par la perte de biens matériels, d'amis ou d'êtres chers.

L'autodiscipline est la seule véritable solution à ces problèmes. Il faut tout d'abord commencer par reconnaître le fait qu'il existe deux genres de problèmes : ceux que vous pouvez régler et ceux que vous ne pouvez pas régler.

Le problème qui peut être réglé devrait être résolu immédiatement à l'aide des moyens les plus pratiques à votre disposition. Pour ce qui est de ceux pour lesquels il n'y a pas de solution, vous devriez les chasser de votre esprit et les oublier.

Pensons un instant au processus de l'oubli. Vous pouvez y référer comme à une porte que l'on ferme sur un ennui qui trouble votre équilibre émotionnel. L'autodiscipline, qui signifie de maîtriser toutes vos émotions, peut vous aider à fermer la porte à une expérience désagréable du passé. Vous devez bien fermer la porte et verrouiller derrière vous pour qu'elle ne puisse plus jamais s'ouvrir. C'est, de plus, la façon de traiter les problèmes impossibles à résoudre. Les gens qui manquent d'autodiscipline se tiennent souvent à l'entrée de la porte et regardent derrière eux avec nostalgie plutôt que de fermer la porte et de regarder droit devant vers l'avenir.

Cette technique de fermeture de porte est précieuse. Elle nécessite le soutien d'une bonne et forte volonté et vous avez une forte volonté lorsque les tiroirs de votre esprit sont bien organisés et contrôlés par votre ego, comme ils doivent l'être.

La technique de fermeture de porte ne vous rend pas sévère, froid ou insensible pour autant, mais elle requiert de la fermeté. L'autodiscipline ne permet aucunement de conserver une mémoire vague des mauvaises expériences ni de perdre du temps à s'en faire pour des problèmes insolubles. Vous ne pouvez succomber à la tentation de revivre des événements malencontreux parce qu'ils détruisent votre force créatrice et ils freinent votre initiative. Ils refrènent votre imagination, vous font perdre votre faculté de raisonnement et, en général, ils créent du désordre dans les tiroirs de votre esprit.

Vous devez placer la puissance de votre volonté contre la porte qui vous sépare de ce que vous voulez oublier, ou alors vous ne vous imposerez jamais d'autodiscipline. C'est là l'un des principaux services que l'autodiscipline peut vous rendre. Elle vous aide à bien fermer la porte à toutes les formes de peurs et elle vous ouvre les portes de l'espoir et de la foi!

L'autodiscipline ferme la porte à la jalousie, la haine, la vengeance, l'avidité, la colère et la superstition, et elle ouvre la porte à l'amitié, la bonne volonté, la confiance et l'amour.

L'autodiscipline vous aide à regarder devant, et non derrière. Elle déracine le découragement, les inquiétudes et toute autre émotion négative. Elle n'encourage pas seulement que des émotions positives, mais elle les force à se placer devant la faculté de raisonnement chaque fois qu'elles veulent s'exprimer afin qu'elles soient aussi bien contrôlées.

L'autodiscipline fortifie votre esprit. Elle vous permet de prendre possession de votre esprit et d'exercer le droit que Dieu vous a conféré, de contrôler votre état d'esprit. Vous n'aurez pas véritablement d'autodiscipline tant que vous n'aurez pas organisé votre esprit et enrayé toutes les influences alarmantes. Chacun des principes de cette philosophie doit passer par votre esprit, et en ce sens, l'autodiscipline y maintient l'ordre et agit comme facteur de contrôle du processus de réussite.

Source : *PMA Science of Success*, p. 286, 287 et 288.

Pour de plus amples renseignements concernant les ouvrages de Napoleon Hill, veuillez communiquer avec les établissements suivants :

Centre d'apprentissage mondial *Napoleon Hill World Learning Center*
Purdue University Calumet
2300 173rd Street
Hammond, IN 46323-2094

Judith Williamson, directrice
Uriel « Chino » Martinez, assistant/concepteur graphique

Téléphone : 219-989-3173 ou 219-989-3166
Courriel : nhf@calumet.purdue.edu

La Fondation Napoleon Hill (*Napoleon Hill Foundation*)
University of Virginia-Wise
College Relations Apt. C 1
College Avenue Wise, VA 24293

Don Green, directeur général
Annedia Sturgill, adjointe de direction

Téléphone : 276-328-6700
Courriel : napoleonhill@uvawise.edu

Site Web : www.naphill.org

LECTURES DE CROISSANCE PERSONNELLE

Vivre libre, sans peur! Le secret de Ben
(roman d'inspiration) ***Mark Matteson***

Vivre libre, sans peur, pour toujours! Le cadeau de mariage
(roman d'inspiration) ***Mark Matteson***

Votre plus grand pouvoir, ***J. Martin Kohe***

La carte routière de VOTRE succès ! ***John C. Maxwell***

Un système de succès infaillible ! ***W. Clement Stone***

Croire et réussir – 17 principes de succès, ***W. Clement Stone***

Réussir avec les autres, des relations humaines harmonieuses,
Cavett Robert

Les lois du succès, ***Napoleon Hill (17 leçons en 4 tomes)***

La gratitude et VOS buts... pour créer la vie dont VOUS rêvez!
Stacey Grewal

Journal quotidien de gratitude, ***Stacey Grewal***

Le coach, pour découvrir l'unique clé du succès, ***Luc Courtemanche***

Nos pensées, leur impact sur notre vie, ***Agathe Raymond***

Doublez vos contacts, ***Michael J. Durkin***

Prospectez avec posture et confiance, ***Bob Burg***

Dans la collection **EXPÉRIENCE DE VIE :**

- Drogué... sans l'avoir demandé! ***Suzanne Carpentier***
- Se choisir, un rendez-vous avec soi-même pour voyager léger, ***Robert Savoie***
- Ivresse d'amour, ***Josée Amesse***
- S'aimer soi-même, 1, 2, 3, Go Action! ***Johanne Fontaine***

PROSPECTEZ AVEC POSTURE ET CONFIANCE

BOB BURG

« Ajouter de la valeur à la vie des gens est le meilleur des moyens pour gravir les échelons du succès financier », explique clairement l'auteur. Voilà l'idée de base de ce livre.

Bob Burg, auteur reconnu et dont la réputation n'est plus à faire, vous aide vous et votre équipe, à bâtir un « mécanisme de levier relationnel » pour générer automatiquement plus de prospects, de chiffres d'affaires et de « coups de chance » que vous n'auriez jamais cru possibles.

Ce livre aide à prendre le plein contrôle de sa destinée en faisant de légers changements dans votre méthode de réseautage dans des activités pour obtenir des références et des activités de persuasion qui peuvent générer des résultats importants. Il faut répéter la méthode encore et encore afin de ne plus jamais être victime des conditions économiques ou de circonstances extérieures.

Les différents thèmes du livre sont : L'état d'esprit – la prospection en un « clin d'œil » - les objections – fixer des rendez-vous – les appels à trois – la loi de donner et recevoir avec succès.

Bob Burg est un conférencier renommé dans des congrès, et ce, tant au niveau corporatif, financier que dans la vente directe. Il sait combiner l'humour et le divertissement, et il garde son audience suspendue à ses lèvres grâce à l'information pertinente dont chacun peut tirer immédiatement profit car son mentorat est justifié et pertinent. « Toutes choses étant égales, les gens feront des affaires et référe - ront ceux qu'ils connaissent, apprécient et à qui ils accordent leur confiance. » C'est ce dont il croit et ce qu'il enseigne.

ISBN 978-2-923746-06-7 (livre)
ISBN 978-2-923746-10-4 (MP3)
ISBN 978-2-923746-49-4 (epdf)
ISBN 978-2-923746-50-0 (epub)

www.performance-edition.com

VIVRE LIBRE, SANS PEUR ! Le secret de Ben

MARK MATTESON

Ces deux livres sont tout simplement remplis de bonnes idées pour lutter contre la peur et enrichir notre vie. Ce sont des romans d'inspiration. C'est la découverte de vérités simples qui mènent à la richesse, à la joie et à la paix d'esprit.

Un accident d'auto à l'heure de pointe lors d'une chaude journée d'été n'est habituellement pas une expérience positive. Mais, lorsque David, déprimé et misérable, rencontre Ben suite à un accident de voitures plutôt désagréable, la toile de fond se prête bien pour raconter une expérience de vie riche et puissante. Involontairement, David se place entre les mains d'un maître motivateur et d'un ajusteur d'attitude. Au fur et à mesure que David commence à améliorer sa vision des choses et, par le fait même, sa vie, il découvre la multitude de moyens que Ben a utilisés pour aider un nombre incalculable de personnes.

Mettre en pratique les multiples enseignements que Ben prodigue si généreusement, aide à libérer de toute forme de peur et d'être en paix avec sa vie personnelle, professionnelle et spirituelle.

ISBN 978-2-923746-44-9 (livre) • ISBN 78-2-923746-45-6 (epdf) • ISBN 978-2-923746-46-3 (epub)

VIVRE LIBRE, SANS PEUR, POUR TOUJOURS ! Le cadeau de mariage

La vie n'est pas juste. Pourquoi de mauvaises choses arrivent-elles à de bonnes personnes? Pourquoi de bonnes choses arrivent-elles à de mauvaises personnes? Chacun de nous, à différents moments de notre vie avons besoin d'un coach ou d'un mentor. C'est ce que Ben était. Si vous êtes prêt et désireux d'apprendre, il vous enseignera et vous inspirera à retirer le maximum du reste de votre vie sur terre.

MARK MATTESON est conférencier, auteur et consultant à l'échelle internationale. Il est qualifié de raconteur d'histoires particulièrement doué, d'élève de la rue, de reporter d'idées et de conférencier humoriste. Il est auteur et conférencier. Mark Matteson inspire les gens, les organisations et les associations à fixer leurs buts de performance personnelle et professionnelle à un niveau plus élevé et à les atteindre.

ISBN 978-2-923746-13-05 (livre) •ISBN 978-2-923746-29-6 (epdf)
ISBN 978-2-923746-30-2 (epub)

www.performance-edition.com

AGENDA ANNUEL

Beaucoup plus qu'un agenda pour planifier vos rendez-vous, cet outil exceptionnel contient :

- Une phrase de motivation journalière
- Une page en début d'année pour planifier vos buts de l'année
- Une page en début de chaque mois pour planifier vos buts du mois
- Une page en fin d'année pour évaluer votre progrès de l'année
- Un espace pour noter les anniversaires de vos proches
- Un texte d'inspiration positive en début de chaque mois
- Une « performance mensuelle » à accomplir durant le mois

- Chaque mois bien étalé sur 2 pages vous permettant de mieux planifier
- Carnet d'adresses
- Pages de notes

Un bijou d'action et de positivisme.

Procurez-vous-le à chaque année.

ISBN 978-2-923746-60-9

www.performance-edition.com

VOTRE PLUS GRAND POUVOIR

J. MARTIN KOHE

Un classique d'inspiration qui crée un changement dynamique dans notre vie dès la toute première journée. Impossible de rester inchangé après cette lecture vivifiante. Un petit livre…. un GRAND message!

Cette lecture aide à jouir d'un plus grand bonheur, à renforcer sa personnalité et à maîtriser les conditions de notre vie. Plusieurs personnes n'arrivent pas à réussir, et cela, même dans des périodes favorables, parce qu'elles n'utilisent pas leur plus grand pouvoir… **LE POUVOIR DE CHOISIR!**

D'autres personnes utiliseront ce grand pouvoir… **leur pouvoir de choisir…** et elles réussiront, même dans des temps difficiles, parce qu'elles refusent de laisser l'adversité les arrêter, elles persistent jusqu'à la réussite.

ISBN 978-2-923746-12-8 (livre) • ISBN 978-2-923746-14-2 (epdf) • ISBN 978-2-923746-15-9 (epub)

LE COACH

L'unique clé du succès
LUC COURTEMANCHE

Si vous avez lu divers ouvrages sur la loi de l'attraction et que vos rêves ne semblent pas se réaliser, donnez-vous une dernière chance et découvrez pourquoi.

Le Coach permet d'apprendre, et surtout de comprendre, pourquoi certains événements désagréables reviennent constamment sur notre chemin. Il nous dévoile quelques exemples pour faire la lumière sur les blessures et les barrières psychologiques non conscientes de notre personnalité qui souvent nous empêchent de poser les actions nécessaires afin d'obtenir l'abondance dans tous les domaines de notre vie. Il est possible de surmonter tous les obstacles, peu importe l'ampleur de votre échec.

Après avoir lu *Le Coach*, vous serez inspiré par la persévérance, le courage, la transparence et la pensée positive du personnage.

ISBN 978-2-923746-33-3 (livre) • ISBN 978-2-923746-34-0 (epdf) • ISBN 978-2-923746-35-7 (epub)

www.performance-edition.com

LA GRATITUDE ET *VOS* BUTS

STACEY GREWAL

La gratitude et VOS buts... pour créer la vie dont VOUS rêvez! est l'outil de développement personnel et professionnel le plus concis qui soit. Il prône la gratitude au quotidien, la réalisation des buts et l'épanouissement personnel. En plus de vous proposer des instructions détaillées, des stratégies dynamiques, des exemples et des exercices rapides, ce livre vous sert de guide spirituel et de mentor personnel. Il saura également vous apprendre à :

- prendre votre vie en main sur tous les plans;
- jouir de la richesse, de la santé et du bonheur que vous désirez et méritez;
- utiliser la gratitude pour guérir les blessures du passé et profiter pleinement du présent;
- découvrir vos buts dans la vie, identifier et tirer parti de vos talents uniques;
- lâcher prise et trouver des solutions à vos problèmes, en peu de temps;
- vous fixer et atteindre des buts intéressants chaque jour, ou encore à court et à long terme;
- cultiver de nouvelles habitudes qui vous aideront toute votre vie à avoir confiance en vous;
- vaincre les obstacles liés au temps, à l'argent, lieu de résidence ou à votre expérience;
- surmonter les émotions négatives en les remplaçant par des pensées et des actions positives;
- bannir l'expression « je n'ai pas le temps » de votre vocabulaire, atteindre vos buts et mener à bien vos tâches sans être pressé par le temps;

Modèle de journal quotidien de gratitude inclus.

ISBN 978-2-923746-53-1 (imprimé) • ISBN 978-2-923746-54-8 (epdf) • ISBN 978-2-923746-55-5 (epub)

JOURNAL QUOTIDIEN DE GRATITUDE

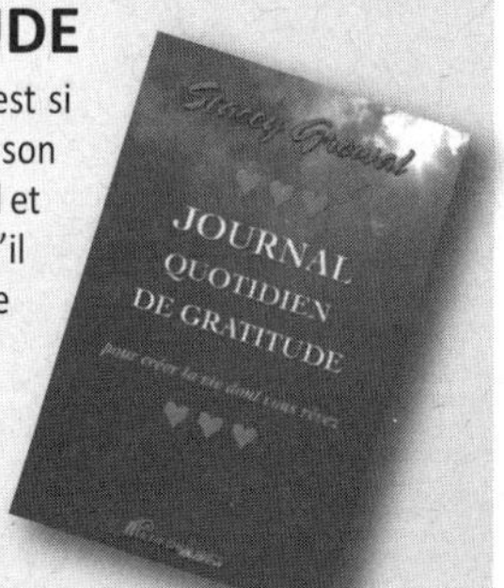

Après avoir lu le livre ***La Gratitude et vos buts*** dont le sujet est si brillamment traité, vous voudrez sûrement poursuivre son enseignement. Voici LE journal qui vous servira de guide spirituel et de mentor personnel. Commencez sans délai. Il a été prouvé qu'il ne faut que vingt et un jours pour développer une nouvelle habitude. Il vous permettra de faire un voyage très enrichissant au cœur de votre croissance personnelle dans toutes les sphères de votre vie.

Entre autres choses, vous y apprendrez comment :

♥ rédiger un énoncé de vision;
♥ fixer vos buts à court et à long terme et réaliser vos rêves;
♥ vaincre les obstacles liés au temps et à l'argent;
♥ surmonter les émotions négatives.

Vous découvrirez en tenant votre journal quotidiennement qu'il est facile de réussir sa vie. Il suffit de prendre une toute petite décision et de débuter l'écriture de votre journal personnel, et ce, guidé par une auteure qui sait de quoi elle parle.

Stacey Grewal demeure à Toronto, Ontario, au Canada, avec son mari et ses deux fils. Elle détient un baccalauréat de la *Wilfrid Laurier University* de Waterloo, au Canada. Stacey est également la fondatrice du Personal *Development Book Club of America* ainsi que du *Personal Development Book Club of Canada*.

ISBN 978-2-923746-61-6 (imprimé) • ISBN 978-2-923746-62-3 (epdf)

www.performance-edition.com

NOS PENSÉES, LEUR IMPACT SUR NOTRE VIE!

AGATHE RAYMOND

Vous désirez apporter des changements à votre vie ou concrétiser un projet qui vous tient à cœur et qui reste en plan depuis trop longtemps? Voilà le livre qu'il vous faut, car il vous donne des outils efficaces pour la mise en pratique d'un objectif! Vos pensées sont véritablement les meilleurs outils à votre disposition pour vous permettre de vous réapproprier tout votre potentiel et d'arriver à vos fins.

Grâce à ce livre, vous serez d'abord amené à prendre conscience de l'impact et des répercussions qu'ont vos pensées sur tous les plans de votre vie. Puis, vous apprendrez le fonctionnement de vos pensées afin de leur rendre leur pouvoir créateur et de les utiliser efficacement sur une base quotidienne, en votre faveur. Le but fondamental de ce livre sur la pensée créatrice est de vous fournir une méthode, une marche à suivre pour concrétiser facilement vos objectifs en apprenant à vous servir de vos pensées pour qu'elles deviennent des outils de création.

Découvrez sans plus tarder cet outil extraordinaire et puissant qui est à votre portée!

AGATHE RAYMOND est membre de l'Association nationale des naturothérapeutes et est aussi formatrice agréée et coach de vie. Depuis plus de 30 ans, elle se dédie corps et âme à la compréhension de l'Être dans sa globalité. L'objectif ultime qu'elle poursuit depuis toutes ces années est d'aider chaque personne à trouver sa voie, sa mission de vie, en se tournant vers son ressenti intérieur et en allant réellement puiser au plus profond de soi-même son véritable désir de réalisation. Son leitmotiv, « ouverture vers la libération de l'être » véhicule très bien le fondement de sa propre mission.

ISBN 978-2-923746-17-3 (livre)
ISBN 978-2-923746-18-0 (epdf)
ISBN 978-2-923746-19-7 (epub)

www.performance-edition.com

DOUBLEZ VOS CONTACTS

MICHAEL J. DURKIN

Grâce à ce bijou de livre, vous apprendrez :

- Comment approcher une nouvelle personne dont vous aimeriez faire la connaissance et savoir exactement quoi dire pour débuter une conversation sans l'aide de phrases stéréotypées enseignées;
- Des techniques pour demander à quelqu'un son numéro de téléphone ou adresse courriel afin de les contacter et de toujours maintenir une posture de contrôle;
- De quelle façon gérer la demande de documentation et d'arriver quand même à fixer un rendez-vous;
- Des techniques pour savoir gérer les demandes d'explications au téléphone et arriver quand même à fixer un rendez-vous en tête-à-tête avec le prospect;
- Éviter de dire des mots «accrocheurs» qui sonnent l'alarme dans l'esprit de vos prospects comme quoi il s'agit de marketing de réseau;
- Comment détecter le langage corporel secret de vos prospects afin de saisir le meilleur moment pour demander leur numéro de téléphone, sans qu'il semble que vous ayez besoin d'eux!

Et beaucoup plus encore...

L'auteur, **Michael J. Durkin**, est un conférencier reconnu à l'échelle nationale. Il a donné la formation à plusieurs compagnies du Fortune 1000 et à des milliers de petites entreprises et de marketing de réseau.

ISBN 978-2-923746-01-2 (livre)
ISBN 978-2-923746-31-9 (epdf)
ISBN 978-2-923746-32-6 (epub)

ISBN 978-2-923746-04-3
Format CD (3 – 3h30) :

www.performance-edition.com

LA CARTE ROUTIÈRE DE VOTRE SUCCÈS

JOHN C. MAXWELL

Une stratégie simple pour entreprendre un voyage vers votre succès. La définition du succès n'est pas la même pour chacun. D'un autre côté le processus pour y arriver est le même. Réussir, c'est de connaître votre objectif de vie, de croître afin d'atteindre votre plein potentiel et de semer des graines qui profiteront à d'autres personnes.

Lorsque vous percevez le succès comme un voyage, vous ne faites jamais l'expérience d'essayer d'arriver à une destination finale insaisissable.

La Carte routière de VOTRE succès est un livre dont la compréhen-sion et la valeur aideront les lecteurs à entreprendre un voyage pour lequel ils ont été créés, à continuer à avancer, à vivre leurs rêves et à compléter leur parcours comme les gagnants qu'ils sont.

JOHN C. MAXWELL est un conférencier reconnu à l'échelle mondiale et un expert sur le thème du leadership. Il est l'auteur de plusieurs livres qui ont été vendus à plus de 15 millions d'exemplaires. Son organisation a formé plus d'un million de leaders à travers le monde.

ISBN 978-2-92374-09-8 (livre)
ISBN 978-2-92374-20-3 (epdf)
ISBN 978-2-92374-21-0 (epub)

www.performance-edition.com

SAUVEGARDES ENVIRONNEMENTALES

Cascades GROUPE PAPIERS FINS

ENVIRONNEMENT

VERT DE NATURE™

Sauvegardes environnementales
par rapport à des produits contenant :

Modifier la liste des produits

100 % fibres vierges 100 % fibres recyclées

Métrique | Impériale

13 arbres

48 980 litres d'eau
140 jours de consommation d'eau

742 kg de déchets
15 poubelles

1 929 kg CO_2
12 900 km parcourus

22 GJ
100 837 ampoules 60W pendant une heure

6 kg NO_X
émissions d'un camion pendant 18 jours

SAUVEGARDER FORMAT ACROBAT PDF